다시,
마을이다

조한혜정 칼럼집

# 다시, 마을이다

위험 사회에서 살아남기

도서출판
또 하나의 문화

다시, 마을이다 차례

프롤로그 • 9

# '근대'에 관한 명상

착한 국민 콤플렉스 • 21  미국의 애국주의 • 24  도심의 추석 축제 • 27
아시아행 비행기 표 • 30  담담한 상봉의 감동 • 33  삼보일배, 개발 독재와의 결별 • 36
진퇴양난 1. 잘 키운 우리 딸 • 39  진퇴양난 2. 오래된 연인들 • 42

# 교실업 위험 사회를 살아 내기

빨간 마후라 • 47  위험 교실, 침묵은 독 • 50  무고한 죽음 • 53
과잉의 시대에 살아남기 • 57  글로벌 시대 국경 넘나들기 • 59  청소년은 누구? • 62
부산 '우다다학교' 무인도 탐사 사건이 우리에게 남긴 것 • 65  강의실 붕괴 • 69

# 학교를 살려 사회를 살린다

열정 꺼지지 않는 세상 만들기 • 75  하고 싶은 걸 왜 참나요 • 78
다음 세대를 위한 학습 시공간 • 81  온라인 게임 산업과 교육 개혁 • 87
다시 '민주'의 이름으로 • 92  수련의 자리, 구경꾼의 자리 • 96
가정과 학교와 일터의 벽 허물기 • 99  다양한 대안 학교들 생겨나게 • 102
긴 호흡 작은 학교 • 105  학교를 살려 사회를 살린다 • 108  후천 가족 시대의 교육 • 111

# 다시, 마을이다

행복하게 살아남기 • 123  더는 허물지 않는다 • 127  노동하는 몸, 놀이하는 몸 • 132
88만원 세대를 위하여 • 135  집이 아니라 마을이 필요하다 • 139
서로 소통하는 '돌봄' 사회로 • 146  미래의 마을 만들기 • 149
'주제'와 '주민'이 있는 축제 • 156  용산공원, 살림의 시공간으로 되살리려면 • 163
피스 앤 그린 보트 마을에서 • 167  추석 속으로: '우리 명절 만들기' • 173

## 학교가 있는 마을에서 쓰는 편지

길 떠나는 고래 세 마리 • 185  배움은 만남이며 돌봄이다 • 188
우리 동네 사람이 되어 주세요 • 192  다시 돌아온 학교 친구들에게 • 194
비상하는 기운을 느끼며 • 196  새해 인사 • 200  '9거리 상세 지도'를 그리는 아이들 • 204
네트워크 시대의 '학교들 학교' • 206  2014년 4월 5일에 • 210
삶의 기본기를 익히는 배움의 장 • 213  소망 상자를 받고서 • 216
아이들을 망치는 386세대 드센 부모들 • 219  갈등 회피와 갈등 해결 • 222
아이들이 행복하게 '서식'하는 생태계를 • 225

에필로그 • 233

# 프롤로그

탈.선.하.다.

길을 벗어나 보지 않은 사람들이 어떻게 새 길을 낼 수 있을까요? 지난 10년, 아니 20년간 '탈선'한 사람들과 보낸 시간은 즐거웠습니다. 그들은 '서태지 세대'로 불리다가, 이제 '88만원 세대'라는 별명을 얻고 있는 국민, 아니 '21세기 시민'들입니다. 조만간 그들의 부모 세대에서도 '탈선'하는 사람들이 늘어날 조짐이 보여 기쁩니다.

가족을 포함한 모든 종류의 '공동체적 기반'이 여지없이 허물어지고 있습니다. "토건 국가를 넘어서 '돌봄 사회'로 가자."는 말을 자주 하는 나를 발견하면서 제 관심이 모든 세대로 확장되고 있음을 알게 되었습니다. 노인은 어린아이와 함께 있을 때 행복하고, 청소년 역시 든든한 후원자들과 잘 늙어 가는 어른들이 곁에 있을 때 건강해질 수 있습니다.

돌이켜 보면 지난 십 년은 숨 가쁘게 지나갔습니다. '선진국 따라잡기'에 급급한 개발 국가의 '국민'으로서 숨 가쁘지 않게 지낸 적이 별로 없었지만 특히 지난 십 년은 힘든 시절이 아니었나 싶습니다. 아이엠에프 금융 위기 이후 줄줄이 터져 나온 예측 불허의 사건들을 겪으면서 그 세월을 살아 낸 것만으로도 장하다는 생각이 듭니다. 앞으로의 세월은 좀 나을까요? 별로 그럴 기미는 보이지 않습니다.

초고속 변화의 와중에 쓴 글들을 꺼내 봅니다. 대개 이해하기 어려운 시대 상황을 이해해 보려고 안간힘을 쓰다 잠을 설친 날 새벽에 쓴 글들입니다. 십 년이면 강산도 변한다는데, 그 빠른 변화를 감안하면 분명, 태고의 이야기처럼 읽혀야 맞을 겁니다. 그런데 그렇지 않은 것은 어인 일일까요?

여전히 국민의 세금은 토건 사업에 술술 새어 나가고, 숫자에 대한 맹신, 돈에 대한 맹신의 체제가 공고해지고 있습니다. 여아 낙태를 막기 위해 호주제 폐지를 주장하면서 '부모 성 함께 쓰기'에 동참한 지 십 년, 2007년에 바야흐로 호주제가 폐지되었지만, 세상은 그리 평등해진 것 같지 않습니다. 십 년 전에 쓴 글이 지금 이야기처럼 읽힌다면 실은 사회가 별로 변하지 않았다는 말일 겁니다. 표면 구조는 변했지만 심층 구조가 변하지 않은 게지요. 제도의 변화만으로 세상은 변하지 않습니다. 사람과 일상 문화의 변화가 절실합니다.

지난 십 년 가장 크게 변한 것은 청소년들의 모습일 것입니다. 잠시 그들의 변화를 통해 한국 사회의 변화의 일면을 엿보도록 하지요. 거대한 정치 혁명을 끝낸 한국 사회가 급격하게 대중 소비 사회로 진입한 시점, 그러니까 1990년대에 접어들면서 십대 청소년들은 거리로 쏟아져 나왔습니다. 혜성과도 같은 서태지의 등장과 함께 "이제 그만 됐어!" "닥쳐!" "냅둬요!"를 외치며 그들은 몸에 맞지 않는 학교를 거부하고 가출을 하기도 하면서 좀 다르게 살겠다고 온몸으로 말하고 있었습니다.

청소년들은 록밴드를 결성하기도 하고, 랩을 흥얼거리며 거리를 휩쓸고 다니기도 했습니다. 그들은 1990년대 후반 인천 호프 집 화재 참사 사건, 직접 제작한 「빨간 마후라」라는 음란 비디오 판매 사건, 폭력 교사를 핸드폰으로 직접 경찰서에 고발하는 사건 등으로 연일 기성세대를 놀라게 했습니다. 개성과 자유와 도전 정신을 구가하던 이들은 사실상 '선정적 시장'과 '엄숙한 학교' 사이에서 가장 첨예하게 시대 모순을 겪고 있었던 것입니다.

마침내 어른들도 청소년들의 '끼'를 살려 문화의 세기를 열어 가야 한다거나, 그들을 행복한 21세기 시민으로 키워 내야 한다는 데 동의하면서 그들 편을 들기 시작했습니다. 많은 청소년 공간들이 생겨났고, 대안 학교들도 생겨났습니다.

그런데 대중문화와 소비 사회의 선봉에서 '난리'를 치던 십대들이 최근 들어 온순해지기 시작했습니다. 자신들 표현에 따르면 '찌질이'

가 된 것이지요. 왜 이런 변화가 일어났을까요? 한편에서는 급격하게 무기력해지는 '찌질이'들이 생겨나고, 다른 한편에서는 '아저씨'에게 '2만 원짜리 3분 키스'를 파는 청소년들이 나타났습니다. 생활비를 벌어야 하는 아이들이 늘어난 한편, 브랜드 옷을 사 줄 수 있는 부모에게 절대 복종하는 아이들이 늘어나고, 무엇보다 무기력한 청소년들이 급격하게 늘어나고 있습니다.

청소년 무기력증은 어디서 오는 것일까요? 아마도 가장 큰 원인은 그들에게 모델이 없다는 점일 겁니다. 열심히 공부해서 일류 대학을 나와도 취업을 하지 못하는 형과 언니들을 보면서 이들은 지레 겁을 먹고 있습니다. 점점 자신감을 잃어 가면서 이들은 스스로 삶을 개척하기보다 어딘가 기댈 곳을 찾는 데 급급합니다. 학교라는 '제도'에 남아 있으면서 부모에게 '순종'하는 것이 그나마 안전하다는 결론을 내린 아이들이 많아지고 있습니다.

영리한 십대들은 '개천에서 용이 나는' 시대가 지나갔다는 것을 어른들보다 일찍 간파한 듯합니다. 제멋대로 나가다가는 빌어먹는 신세가 될지도 모른다는 계산을, 순진한 형과 오빠와 언니들을 보면서 해낸 것입니다. 그런 면에서 앞으로 사춘기적 저항의 양상은 좀 변할 것 같습니다.

서태지 세대를 키운 부모들이 사춘기가 된 자녀가 갑자기 '도깨비'처럼 변신하여 가출을 하면서 난리를 부리는 것을 보아야 했다면, 지금의 부모들은 자녀들을 평생 먹여 살려야 할 때를 대비해야 할 것입니다. 앞으로의 아이들은 집을 나가지 않을 거라는 말입니다. 일본만이 아니라 한국에서도 이미 캥거루족, 백수, 인터넷 폐인, 니트족 등으로 불리는 몇 백만의 젊은이들이 부모에게 빌붙어 살아가고 있고, 빌붙을 부모가 없는 이들은 국가가, 아니면 친구와 동료들이 짊어져야 할 부담스런 존재가 되고 있는 것입니다.

중고등학교 '교실 붕괴'에 대한 뉴스가 잠잠해지면서 이제 '강의실 붕괴' 뉴스가 전해지고, 청년 실업 문제가 시대적 난제로 떠오르고 있습니다. 우리 사회의 '골칫거리'는 이제 '청소년'에서 '청년'들에게로 옮아가고 있습니다. 이때 '청년'이란 이십대만이 아니라 30세, 40세가 돼서도 부모에게 의존하는 '연장된 청소년기'에 있는 사람들을 포함합니다. 대학 가면 모든 것이 해결될 줄 알고 입시 공부에 전력투구했건만 대학을 나와도 취직이 안 되는 상황, 창의적 노동으로 대박을 치려 벼르고 있었는데 물거품이 되어 가는 상황에서, 시대로부터 배반을 당하고 배제를 당했다고 느끼는 젊은 인구가 급격하게 늘고 있습니다.

십 년 전 시대를 표현했던 핵심어가 '청소년', '대중문화', '소비 사회', '대안 교육'이었다면 최근 시대의 핵심어는 '청년'이며 '실업'이며 '전망 없음'일 겁니다. '고실업, 불안정 고용'과 '고용 없는 성장', '위험 사회'와 '평생 학습 사회', '사회적 기업'과 '속도 조절,' 그리고 '지속 가능한 삶'과 같은 개념이 우리 삶을 좀 더 잘 설명해 주는 단어로 부상하고 있습니다.

이 책에서 나는 새로운 '사회'를 만들어 가자는 권유를 하고 있습니다. 그래서 '국민'에 대한 질문을 던지는 글로 책을 시작합니다. 가난하고 억압적인 봉건 체제에서 벗어나기 위한 힘겨운 투쟁, 새롭게 형성된 근대 국민 국가의 '국민'이 된 기쁨, 나라 없는 근대의 주민으로서의 서러움, 나라를 찾기 위한 투쟁 끝에 자주 독립 국가의 국민이 된 희열, 가난한 고향을 떠나 낯선 곳에서 시작한 고단한 도시적 삶, 고생 끝에 얻은 아파트와 날로 불어나는 재산을 보는 포만감. 그 어르신들이 거쳐 간 역사를 우리는 기억하고 있습니다. 분단과 냉전 체제에서 살아남기 위한 사투도 익히 들어 왔습니다. '민족'이라는 이름과 '독립 국가의 국민'이 된 기쁨은 아직도 감동으로 우리 가슴에 남아 있습니다.

시대는 변하고 그 '국민'의 틀이 몸에 맞지 않는 사람들이 생겨났습니다. 그간 신성시되었던 '민족'이라는 이름, '근대'와 '국가'와 '진보'라는 이름이 후손들을 억압하고 불행하게 하는 시대가 온 것이지요. '국민'의 틀이 몸에 맞지 않는다고 가장 먼저 몸부림을 친 것은 십대들이었습니다. 학교는 오로지 훈육의 장소이고 감옥일 뿐이라고, 시대에 맞지 않는 목적으로 운영되는 낙후된 수용소라고 그들을 말하기 시작했습니다. 그들은 한 모습으로 상정된 '국민'을 해체시키면서 국민 안에 다양한 집단이 존재함을 보여 주고 싶어 했습니다. '국민'들은 획일성을 강조하고 무조건적 단합을 강조하지만 '시민'들은 개별 시민의 권리가 존중되는 민주주의 사회를 원합니다. 그들이 원하는 것은 개성과 다양성이 존중되는 사회입니다. 늘 똑같이 행동하는 것이 아니라 '따로 또 같이' 가는 사회지요.

두 번째 장에 실린 칼럼은 '시민 사회적 국민'이 되려는 청소년들의 몸짓과 언어를 전달하고자 했던 글들입니다. 텔레비전과 삐삐와 핸드폰과 인터넷이 만들어 낸 새로운 '국민'. 그들이 짓는 저항의 몸짓, 상업주의에 포섭되지 않는 독자적 인디 문화와 언더 문화, 그리고, 그들이 간파는 했지만 극복은 해내지 못한 시대적 모순에 대한 이야기를 담았습니다. 좀 오래된 글도 빼지 않고 남겨둔 것은 역사적 흐름에 대한 감을 되살려보는 것이 중요할 것 같아서 그랬습니다.

세 번째 장은 청소년과 어른들이 화해하는 하나의 장인 대안 학교에 대한 이야기들입니다. 새로 탄생하려는 십대 '시민적 국민'들과 함께 어른들이 만들어 낸 다양한 학교에 대한 이야기, 대안적 활동 공간에 대한 이야기들입니다. 자녀와 함께 시대를 다시 배워 가려는 훌륭한 평생 학습자들에 대한 이야기들이기도 합니다. 이들 학교는 자연스럽게 느슨한 마을 공동체를 이루어 가고 있었습니다. 새로운 '사회'를 상상하는 사람들의 움직임은 마을로 이어질 수밖에 없습니다.

그래서 네 번째 장에서는 '마을'에 대한 질문을 던집니다. '토건 국가'에서 '돌봄 사회'를 향한 전환을 공간적으로 생각해 본 것입니다. 아이들을 안전하게 키울 수 있는 마을, 사람들의 다양함이 존중되는 마을, 강도 높은 노동에 시달리던 노동자가 휴식하고 치유할 수 있는 마을, 아파트밖에는 기억하지 못하는 아이들과 만들어 가야 할 마을에 대한 이야기입니다. 이 마을은 '기획'이라는 것, 소프트웨어라는 것, 그리고 사람과 생명에 대한 존중이 있는 곳입니다.

그간 내가 관여해 온 대안 학교, 그리고 마을에 대한 이야기들로 책을 마무리했습니다. 극히 사적인 축하의 글, 때로는 당부의 말입니다만 아마도 우리 모두가 마을을 가지게 되면 익혀 가야 할 새로운 말, 서로에게 자주 하게 될 말이 아닐까 싶습니다.

ಒ

올 여름, 『88만원 세대』<sup>레디앙, 2007</sup>라는 책을 낸 우석훈 박사는 인류학 수업 특강에서 지금 시대를 한마디로 표현했지요. "자기 권리 챙기는 '국민의 시대'를 지나 새로운 사회를 만들어 가는 '시민의 시대'가 오는 줄 알았는데 자기 새끼만 아는 '축생이'의 시대가 왔다." 1980년대가 '아래로부터의 국가 만들기'를 한 시대였다면, 1990년대 접어들어 다양한 국민들이 좀 더 성숙한 사회를 만들어 가려는 시도들을 분명하고 있었습니다. 그런데 '축생이'의 시대가 열리다니요!

지난 십 년은 그래도 청소년, 인터넷 혁명, 한류 열풍, 2002 한일 월드컵 거리 축제 등 듣기에 즐거운 단어들이 꽤 있었습니다. 앞으로 십 년은 아마도 청년 실업, 위험 사회, 글로벌 경쟁 등의 암울한 단어들로 그려질 가능성이 높습니다. 자본만이 '자유'를 얻은 신자유주의 시대의 미래는 나치 수용소의 삶을 방불케 할 것이라는 예언자들의 이야기는 이제 예언이 아니라 우리 현실로 다가오고 있습니다. 어릴 때부터 경쟁만을 배운 사람들은 불안과 공포감을 조장하는 체제 안에서 놀라서 어쩔 줄 몰라 허둥대고 있습니다. 그 체제는 안팎이 분명하지 않은 고도 관리 체제지요.

시대 분석은 끝났지만 구체적 해법이 보이지 않는다는 우려의 목소리가 높습니다. 그런데 해법은 최소한의 안정성을 확보한 상황에서 나오는 것입니다. 마을이 없는 사람들, 신뢰하는 준거 집단이 없는 사람들은 파편화된 조각으로 불안하게 서성이다 거대한 고도 관리 체제에 포획될 수밖에 없습니다. 시대를 헤쳐 나갈 방법은 누구에게나 똑같은 것이 아니고 누구에게나 보이지 않을 겁니다. 사실 해법은 마을 '안에' 있는 사람들에게나 보일 겁니다.

다행히 그간 '탈선한' 사람들이 두런두런 마을을 이루어 살기 시작했습니다. 그 크고 작은, 갖가지 모습의 마을들이 '천 개의 고원'을 이루며 제각각의 변주를 해낼 때, 그리하여 언젠가는 다들 연결하여 아름다운 교향악이라도 연주하게 된다면 그때는 아마도 천지개벽이 일어날 것입니다. 그간 지치지 않도록 몸조심, 영혼 조심하시며 마을 잘 가꾸어 내시기 바랍니다.

2007년 10월에

❧ 이 책을 내는 데 나의 가장 오래된 마을 주민인 유승희, 송화수, 정이은정, 김효진, 김미선, 이현정, 전혜순의 도움이 컸습니다. 좋은 마을을 만들어 가다 보면 늘 이렇게 즐겁고 생산적인 일이 벌어지더군요. 지면을 빌어 고마움을 전하고 싶습니다.

# '근대'에 관한 명상

남북 공존
갸정
삼보일배 위협
위협 교실
위협 사회를 살아가는 론
골있길 시대
부산 '우다다학교' 무인도 답사 사건이 우리
열정 꺼지지 않는
다음 세대를
온마을
가정축 캠프 자본
다양한 대안
학교를
노동하
집이 아니
서로 소통하는
용산공원 잘길 길
추석 속으로
배
우리
다시
'9거리 샅에 지도' 를 그리
네트워크 시태의
삶의 기본기를
아이들을 맞이하
아이들의 행복하게

남북 공존
갸정
삼보일배 위협
위협 교실
위협 사회를 살아가는 론
골있길 시대
부산 '우다다학교' 무인도 답사 사건이 우리
열정 꺼지지 않는
다음 세대를
온마을
가정축 캠프 자본
다양한 대안
학교를
노동하
집이 아니
서로 소통하는
용산공원 잘길 길
추석 속으로
배
우리
다시
'9거리 샅에 지도' 를 그리
네트워크 시태의
삶의 기본기를
아이들을 맞이하
아이들의 행복하게

남북 공존
갸정

# 착한 국민 콤플렉스

소설가 한창훈 씨는 대형 사고들이 잇달아 일어나도 어느 누구도 책임지지 않는 사회에 대한 분노를 이렇게 표현한 적이 있다. "그래 다 가 버리자, 다 가 버리고 나면 이른바 지도층이나 재벌, 이 땅에서 사는 게 재미나는 불로 소득 계층들, 국가의 미래를 두 어깨에 짊어지고 열심히 파벌 싸움하는 국회의원들만 남을 게 아닌가. 거 참 좋은 일이지. 국민들 다 가 버리면 땅도 넓어질 게다. 넓은 땅 독차지하고 아주 재미있게 살아 보라지."

한 신문사가 6천여 명을 대상으로 인터넷 투표를 한 결과, 이민을 적극 검토하고 있다는 사람이 34%, 소극적으로 검토한다는 사람이 47%로 나왔다고 한다. 또 다른 조사에서는 대기업과 벤처 기업, 그리고 외국계 기업에서 동시에 취업 제의를 받을 경우 어디를 선택하겠느냐는 질문에 대학생 10명 중에 5명꼴로 외국계 기업을 선택할 것이라고 응답했다고 한다. 일시적 현상이기를 바라지만 간과할 수는 없는 우리의 현실이다. 며칠 전에도 정부 유관 부처에서 일하던 제자가 싱가포르로 떠났다. 가능한 한 한국에 머물고 싶지만, 전문성을 발휘할 기회를 주지 않는 직장에 더는 머물 수가 없다고 했다.

나는 1980년 전후, 이농 현상을 조사하려 농촌에 자주 갔었다. 농촌 인구가 썰물처럼 도시로 빠져나가는 때였는데, 남아 있던 분들한테서 "굵은 돌은 다 빠져나가고 잔돌만 남았다."는 자조적인 말을 자주 들었다. 20년이 지난 지금, 당시에 일어난 '거국적' 질서 재편이 이제는 국가가 아니라 국가 규모를 넘어선 전 지구적 차원에서 일어나고 있다. '굵은 돌'들이 기회를 찾아 도시로 가는 것이 아니라, '살기 좋은 다른 나라'로 이동을 하고 있는 것이다.

그 '굵은 돌' 중에는 여자들도 상당히 많다. 대단한 교육열과 한 자녀 기르기 운동의 결과로 그동안 훌륭한 자질을 가진 여자들이 많아졌는데, 이 땅에는 그들이 발붙일 데가 별로 없다. 외국에서 일하다 온 헤드헌터는 한국 대기업에 처음 갔을 때 여성 사원들이 너무 예뻐서 깜짝 놀랐는데, 점점 더 예쁜 사람만 쓴다면서 이렇게 토를 달았다. 외모가 예쁜 여자들만 모아 놓았다는 것은 그들의 실무 능력에 그만큼 관심이 없다는 말이기도 하며, 그런 식으로 하니까 국제 경쟁력이 없어질 수밖에 없다.

제자들이 떠날 때면 마음이 착잡해진다. 그들은 돌아올까? 전 지구화 시대가 왔다고 한다. 유목민의 시대가 왔다고 한다. 그렇다면 지금은 많이들 떠나야 할 때니 착잡해할 필요도 없다. 1970년대 농촌을 떠나고 싶어 하는 이들을 붙들지 못했듯이, 학교를 떠나고 싶어 하는 아이를 붙들어 둘 수 없듯이, 나라를 떠나고 싶어 하는 이들도 기꺼이 보내야 하는 때가 아닌가 싶다. 인류 역사를 통해 '지도층'이 싫으면 그곳을 떠나 '주민권'을 바꾸는 시대나 사회가 비일비재했다. 더 큰 세상을 만나고 싶어 떠나든, 이곳에서 자기 자리를 찾지 못해 떠나든, 가겠다는 이들을 막을 수 없고, 오겠다는 사람을 막을 수 없는 시대가 오고 있다.

남아 있는 사람들이 할 일은 그들이 다시 돌아오고 싶은 나라, 돌아와 자신의 경험을 나누고 싶어 하는 나라로 만드는 일일 것이다. 마음 같아서는 일찍이 비교 문화적 자세로 살아가는 연습을 시켜서 보냈으면 싶지만, 그런 구상을 하기에 우리네 '민족주의자'들은 너무 여유가 없다. 좋은 나라를 만들기 위해 이제 착한 국민 콤플렉스에서 좀 벗어나야 하지 않을까. ♂2000 한국일보

# 미국의
# 애국주의

할리우드 영화가 떼돈을 벌며 애국을 하고 있다는 기사를 뉴욕 비행장 대합실에서 읽는다. 미국 전역 3천여 극장에서 「반지의 제왕」을 밀어내고 박스 오피스 1위를 단숨에 차지했다는 「블랙호크 다운」은 소말리아 내전을 다룬 영화라는데, 이 영화는 '매혹적인 전쟁 포르노'라는 평을 들으면서 미국인들의 애국주의 정서를 고조시키고 있다고 한다. 그 기사는 지난해 말 할리우드 영화 제작자들이 조지 부시 대통령 수석 보좌관과 회합을 했고, 그 자리에서 "할리우드의 창의적인 상상력과 설득 기술로 이 전쟁에 기여하자."는 말이 오갔다는 내용도 싣고 있었다. 비행장의 삼엄한 보안 검사를 막 거친 내게는 실감나는 기사다.

뉴욕을 거쳐 로드아일랜드 주의 수도인 프로비던스, 그리고 듀크 대학이 있는 랄리 더램 비행장을 며칠 사이에 들락거리며 여섯 차례 보안 검사를 받은 나는 앞으로는 미국 쪽으로 오는 여행은 삼가야겠다고 마음먹는다. 꾹꾹 눌러 싼 가방을 매번 다 풀어헤쳐야 하고, 재수가 없으면 한 비행장에서 그 과정을 두 번씩 거쳐야 하는데, 나는 번번이 그 대상자로 '선정'되었다. 코트를 벗어야 하고, 신발도 두 번씩 벗어야 했는데, 단순히 엑스레이 검사만 하는 것이 아니라 화학 반응 검사도 하기 때문이다. 노트북 컴퓨터도 따로 꺼내서 엑스레이 검사를 거친 후 화약 반응 검사를 받아야 한다. 남부 랄리 더램 비행장에서 뉴욕으로 오는 길에 유일하게 특별 검사 대상에 걸리지 않은 나는 어리둥절했다. 그리고 나를 통과시켜 준 '젊은 백인 여자'(성과 인종과 나이가 이들이 보여 주는 반응에서 아주 중요한 변수로 작용한다.) 직원에게 진심으로 감사하다는 인사를 했다.

사실 나를 언짢게 만든 것은 가방을 풀어헤치거나 신발을 벗어야 하는 검사 과정이 아니라 그 검사를 하는 사람들이 자아내는 분위기와 태도였을 것이다. 검사를 하는 사람들은 거의가 유색인들이었는데(보수적인 백인 도시 중 하나로 알려진 프로비던스 비행장의 검색관은 흥미롭게도 거의가 백인 노년 남자들이었다.) 그들은 대단한 자부심을 가지고 검색 작업에 임하고 있었다. 미국의 '인종적 정치' 역학을 유심히 보아 온 내게 그들의 모습은 그간 2등 국민의 취급을 받았던 '유색인'들이 거국적인 군사 작전에 참여함으로써 자랑스러운 '핵심 국민'으로 거듭날 수 있는 기회를 얻은 것을 매우 뿌듯해하는 모습으로 보였다. 그리고 그들이 만들어 내는 군사 작전 분위기에 동조하면서 비행기를 타려는 일반 미국인 승객들(대부분이 백인들이었다.) 역시 그곳에서 다시 한번 '테러와의 전쟁'을 확인하고 애국정신을 다지고 있었다.

나와 함께 삼엄한 검색을 당한 백인 남자는 불편한 얼굴을 하고 있는 내게 말했다. "이렇게 귀찮은 과정을 거치는 것에 나는 아무런 불만이 없어요. 더 심한 검색도 감수할 준비가 되어 있죠. 안전을 위해 우리는 최선을 다해야 해요."

비행장 안에 있는 가게에는 성조기 문양이 들어간 머그컵과 장식용 잔, 그리고 다양한 용도로 쓸 수 있게 만들어진 성조기들이 즐비했다. 베트남전 당시 성조기를 불태우던 미국 청년들에 대한 기억이 있는 내게 그 장면은 참으로 생소한 장면이면서, 1997년 아이엠에프 위기 때의 '태극기 사랑 붐'을 기억하는 내겐 참으로 익숙한 장면이기도 했다.

미국과 한국은 그런 면에서 닮았다. 나라를 위해 목숨을 바칠 사람이 많은 나라는 좋은 나라일까? 특히 나라를 총칼로 지키려는 식의 애국주의가 팽배한 시대는? 일상이 전시 동원 체제로 화한 사회 분위기는 '배타적 애국심'을 부추기고, 편협한 영토주의와 군사력 중심의 질서를 강화하기 마련이다. '나라 사랑법'이 질적으로 달라져야 할 때다. 국회에서 거론될 것이라는 '테러 방지법안'이 염려되는 것은 이런 배경에서다. ☞2002 한겨레신문

# 도심의
# 추석 축제

추석 전날 동네 학교 운동장에서 초등학생부터 큰아버지 뻘 보이는 중년 남성까지 한데 어울려 열심히 축구를 하고 있었다. 텔레비전을 보면 모두들 고향에 가는데 이 가족은 고향에도 안 가나? 하고 생각하다가 웃음이 났다. 나 자신 '귀향'이란 것을 해 본 적이 없는 사람인데 그런 생각을 한 것을 보면 대중 매체의 위력이 얼마나 막강한지 알 수 있다. '3천2백만 명의 대이동', '한가위 민족 대이동이 시작됐다'는 신문 머리기사의 위력 말이다. 신문에 난 숫자에 따르면 전체 인구의 70%가 이동한다는 말인데, 갑자기 그 숫자가 어떻게 나온 것인지가 궁금해진다.

그 날짜 신문 정보에 따라 기차와 버스와 승용차와 비행기 이동 인구를 열심히 계산해 보았는데, 아무리 부풀려도 1천만을 넘지 않는다. 그렇다면 3천2백만이라는 숫자는 어디서 나온 것이며, 신문 데스크는 '3천2백만 한가위 민족 대이동'이라는 문구를 왜 대문짝만 하게 뽑고 싶어졌을까? 그리고 나는 이 왜 숫자를 불편해하며 딴죽을 걸고 싶어 할까?

분명 이 3천2백만이라는 숫자에는 귀성과는 무관하게 휴가를 떠난 '비민족적 국민'도 포함되어 있고, 추석에 동네 운동장에서 축구를 하던 가족처럼 서울에 뿌리박은 사람들도 포함되어 있을 것이다. '3천2백만 민족 대이동'이라는 말과 '귀경 전쟁'이라는 말은 이런 현실을 감추고 현실을 한 이미지로 부각시킨다. 그 이미지는 육이오 때의 긴 피난민 행렬, 1970년대 급격한 산업화와 이어지는 대량 이농의 행렬, 온 나라를 긴장시키는 대입 수능 고사 날 등의 이미지와 같은 선상에 있다. 모든 국민이 무엇인가에 쫓기고 있거나 동원되던 시절, 그리고 모두가 일사불란하게 움직여야 했던 시대의 이미지라는 말이다.

모두가 함께 가야 한다는 암시가 필요했던 시대가 있었지만, 고부가 가치 상품 시대에, 삶의 질을 이야기해야 하는 마당에 그런 암시는 순기능적이기보다는 역기능적이다. 사실상 나는 88 서울 올림픽을 치르고 나면 그런 유의 단어가 서서히 자취를 감추리라 생각했다. 그 자리를 '따로 또 같이' 움직이는 자율성, 그리고 다양성과 공존에 대한 언어들이 메울 것이라고 생각했다. 그런데 현실은 그런 방향으로 가고 있지 않아서 적이 염려스럽다.

좋든 싫든 우리는 이제 '근대'를 지나 '후기 근대'의 문턱을 넘어서고 있다. 돌아갈 고향이 있다는 것은 분명 좋은 일이다. 그러나 그 '현실'만이 부각됨으로써 새 고향을 만드는 일이 미루어지고 있다면 문제가 된다. 고향에 가는 인구는 자동차 속에서 시간 대부분을 보내는 한편 도심에 남은 인구는 잠시 제사를 지낸 후 텔레비전 앞에 붙어 앉아 있거나 술판을 벌이거나 고스톱을 하는 상황이라면 그 명절은 문제가 있는 명절이 아닐까?

 전통은 고수하는 것이 아니라 새롭게 되살려질 때 그 진가를 발휘한다. 도시 아이들이 추석이면 골목 구석구석에서 자기들끼리 벌여 온 불꽃놀이나, 도시 젊은이들이 빌딩 숲 사이에 뜬 달을 보면서 소원을 비는 춤 잔치가 조만간 도심 가족 모두가 즐기는 추석 풍속으로 자리 잡아 갈 수 있으면 한다. 지난 백 년에 걸쳐 진행된 도시화의 역사, 그 속에서 자란 도시 아이들의 삶의 공간을 이제는 인정하자. '귀향'을 강요하며 모든 국민을 단일한 틀 속에 묶어 두는 타성적인 언어가 아니라 다양한 생활권에서 살고 있는 다중적 국민들의 명절을 이야기할 새로운 언어와 의례가 필요하다. 피난민과 이농민의 시대를 지나 '도심의 고향 만들기' 작업을 본격적으로 시작해야 할 때다. ♂2000

# 아시아행
## 비행기 표

　　　　　　얼마 전 홍콩에서 아시아 대중문화의 지형을 논하는 학회에 참석했다. 나는 그 회의에서 거대한 아시아 문화 '내수' 시장이 만들어지고 있다는 사실을 재삼 확인할 수 있었다. 이제 '아시아 주민'들은 '아시아산'에 재미를 붙이고 있다. 그런데 그 아시아산이란 것은 지금까지 세계 주민을 사로잡아 왔던 미국 중심의 대중문화 산업으로부터 얼마나 자유로우며, 또 얼마나 새로운 '버전'일까? '한류 열풍'을 두고 오간 논의는 이런 질문에 몇 가지 시사점을 던져 준다.

　일단 한류 열풍은 나라마다 매우 다른 양상을 보여 주고 있었다. 홍콩에서는 일본 애니메이션을 보면서 자란 세대 이후 일본 문화의 영향력이 막강해졌다고 하는데, 내가 인터뷰한 대학생들은 중고등학교 시절에 일본 드라마를 안 보면 친구들과 대화할 거리가 없어지기 때문에 열심히 드라마를 보았다고 했다. 드라마를 보며 일본 패션을 자연스럽게 접하게 되고, 드라마 속의 경치를 보기 위해, 또는 쇼핑을 위해 그들은 일찍이 일본 여행을 다녀왔다. 이런 식으로 일본 대중문화가 홍콩인의 삶에 파고든 것은 이미 십 년이 넘었다. 홍콩인들에게 '한류'는 이런 흐름의 연장선에 있다. 세계 시민임을 자부하는 홍콩 주민들에게 한국 문화 상품은 어딘지 거칠고 세련되지 못하다는 느낌을 준다고 한다. '한류 열풍'이 지속될 것 같으냐는 질문에 리자룽 교수는 홍콩 주민의 기대를 얼마나 충족시킬지에 달린 것이 아니냐고 답한다. 홍콩의 한 영화제에서 상을 받은 봉준호 감독의 「플란다스의 개」 같은 작품은 더빙을 잘해 낸다면 히트할 가능성이 높다면서, 그런 것을 잘해 낼 수 있는 기획사 등과 제대로 연결이 되어 있는지가 중요한 것 아니냐고 반문한다.

반면에 대만 관객들은 한국에서 만든 드라마를 '성찰적'으로 즐기는 편이다. 낭만적 민족주의와 집단주의, 그리고 여전히 이데올로기적 대결 속에 살고 있는 그들에게 한국 드라마는 자신들의 삶을 돌아보는 거울이 되기도 하는 것이다. 자체 텔레비전 드라마를 제작하지 못하는 베트남에서는 주로 아시아 여러 나라에서 만든 프로그램들을 더빙해서 방영하는데, 주민들은 그것이 어디에서 만들어진 것인지 관심도 없다고 했다. 마치 우리가 1960년대에 텔레비전을 처음 보게 되었을 때 「페이톤 플레이스」니 어쩌니 하는 서양 드라마를 어느 나라에서 만들었는지도 모른 채 보았듯이 그들도 남의 땅에서 만들어진 드라마들을 밤마다 보고 있는 것이다. 백인이 아닌 '서양화한 동양인'들의 모습을 보는 그들은 좀 덜 소외적인 근대화 과정을 거치게 될까?

이제 새로운 '아시아'가 만들어지고 있다. 그 아시아는 거대 자본이 제조해 내는 아시아일 가능성이 높지만, 여전히 경험과 감수성을 공유한 다양한 층위의 주민들이 만들어 내는 아시아일 가능성도 없지 않다. '한국형 블록버스터'가 흥행하는 것을 두고 '한국 문화의 승리'라고 말하는 이들이 위험해 보이는 것은, 그리고 해마다 열리는 부산 국제 영화제가 명실 공히 '아시아의 영화제'가 되기를 바라는 것은, 바로 그 '아시아'가 사람의 숨결을 담고 있는 것이기를 바라기 때문이다.

정재은 감독이 만든 「고양이를 부탁해」의 두 주인공이 여권과 비행기 표만 가지고 정처 없이 떠나는 것을 보면서, 나는 '스무 살' 생일을 맞은 국민들에게 아시아행 비행기 표를 선물하는 것을 상상해 본다. 디자이너가 되거나 기발한 여행사를 차리거나 깜찍한 드라마를 써내는 지영과 태희. 아시아에 삶의 터전을 둔 문화 작업자 살리기. 다양한 아시아 문화 교류 프로그램 만들기. 지금 아시아를 '욕망하는' 기성세대가 해야 할 일이 있다면 바로 이런 일들이 아닐까? ✢2001 한겨레신문

# 담담한
## 상봉의
### 감동

이산가족 상봉이 있었던 2000년 8월 중순, 나는 각 신문 1면을 장식한 사진들을 유심히 살펴보았습니다. 그랑프리 사진은 구순 어머니가 고기 한 점을 칠순 아들 입에 정성스럽게 넣어 주는 모습이었습니다. 아들은 한껏 미소를 머금고 어머니가 내민 음식을 받아먹고 있었습니다. 눈가의 주름과 마주 잡은 손이 돋보였던 모자의 다정하면서 단아한 모습. 이것은 이산가족 하면 떠올리게 되는 '통한'의 이미지와는 좀 거리가 있는 장면이었습니다. 1985년 텔레비전에서 본 이산가족 상봉 장면을 떠올리며, 세상이 꽤나 변했다는 생각을 했습니다. 당시는 상봉 당사자들이 모두가 '핏줄'을 끌어안고 울부짖다 혼절하는 분위기였습니다. 취재진의 연출과 상봉자들의 한이 만들어 낸 눈물바다는 '통일의 강'을 이루었다고들 하지만, 나는 '이래도 눈물 안 흘릴래, 이래도?' 하는 강압성 폭력을 느꼈고, 공포의 시대에 살고 있음을 또 한번 확인했습니다.

이번 상봉단이 만나는 장면은 사뭇 달랐습니다. 특히 당사자들이 취재진의 '등 떠밈'에 굴하지 않는 모습을 나는 유심히 보았습니다. "만나서 무슨 말을 하시겠어요?" 하는 취재진의 질문에 "만나 봐야 알지." 하고 퉁명스럽게 답하는 모습이나, 이틀간의 만남의 소감을 말하라니까 "어릴 때 명랑하던 성격이 여전하더라."는 식의 정감이 서린 발언이 주를 이루는 것을 보면서 나는 바야흐로 시대적 감수성이 달라지고 있음을 감지할 수 있었습니다. 평양에서 누이를 만난 소설가 이호철 씨는 누이에게 "우리 울지 말자, 우리 울지 말자."고 다짐을 했다면서 미소를 잃지 않았습니다. 이번 상봉 장면에서 내가 가장 주의 깊게 본 장면은 바로 이 통곡과 한이 표출되는 방식이었습니다.

신문에서는 여전히 '반세기 혈육 상봉 드라마', '셰익스피어가 살아 있다 해도 이 비극은…', '천추의 한 간직한 채 떠나갑니다.'라는 표현을 부각한 기사들을 써내고 있었지만 내가 텔레비전에서 본 것은 열을 내기보다는 '쿨'해지려고 애쓰는 모습이었습니다. 상봉자 중에는 울부짖음과 몸부림이 자신들을 구경거리로 만들 뿐 별로 상황을 낫게 하지 않는다는 것을 아는 이들이 적지 않은 듯했습니다. "언제 다시 올 수 있을 것 같으냐?"는 취재진의 물음에 "이번에 만났으니까 다른 분들 차례지요. 더 많은 분들이 가족을 만날 수 있도록 면회소를 빨리 만들도록 해야지요." 하고 말하는 모습을 보면서 나는 이제 이산가족들이 통한의 시대를 마무리 지으려 한다는 생각을 했습니다. 사흘 동안의 격렬한 만남을 통해 더 깊은 한의 골을 파기보다 차분하게 도란도란 이야기를 나누면서 서로의 '향기'를 마음속 깊이 간직해 보려는 안간힘이 돋보였습니다.

물론 이것은 나의 착각이거나 희망 사항일 뿐일지도 모릅니다. 그러나 나는 작은 움직임이나마 이번 상봉의 현장에서 자신의 삶이 과도하게 정치화된 언어로 규정당하는 것에 대한 거부감을 엿볼 수 있었고, '그날이 오면' 모든 것이 잘될 거라는 터무니없는 감상에서 벗어나려는 경향도 찾아볼 수 있었습니다. 통곡과 원한의 언어는 통곡과 원한의 세월을 넘어서지 못합니다. 몰상식과 비정상적인 것이 판을 치는 세상을 재생산할 뿐입니다. 나는 이번에 텔레비전에서 보게 된 차분한 상봉단원들이 중심이 되어 '이산가족 면회소 설치 작업'을 추진할 수 있으면 좋겠다는 생각을 했습니다. 외세나 절대 권력적 국가가 아니라 한의 50년을 '슬픔의 미학'으로 승화시키고 있는 이산가족 자신들이 중심이 되어 통일을 준비한다면 우리는 더는 울부짖지 않아도 되는 시대를 열어 가게 될지도 모릅니다.

북쪽의 오영재 시인은 "한 지붕 밑에서 리별 없이 살아 봅시다. 우리 다시는 헤여지지 맙시다." 노래하며 집으로 돌아갔습니다. 재혼 남편, 수절 아내도 집으로 돌아갔습니다. 지금 우리는 사실상 새로운 관계 만들기, 새로운 시대 만들기 작업에 들어가고 있습니다. 당신의 지붕 밑 가족은 '통한의 시대'를 넘어서고 있는지요? ✝2000 한국일보

# 삼보일배,
# 개발 독재와의
# 결별

한반도에 꽤 큰 갯벌이 있습니다. 다양한 생물의 서식지이자 유해 물질의 자연 정화조이기도 한 갯벌은 멀리 호주에서 철새가 날아오는 글로벌 에코 네트워크의 한 지점이기도 합니다. 그런데 '당국'은 그곳을 대대적으로 간척하기로 했습니다. 1987년 노태우 전 대통령의 선거 공약으로 시작된 이 사업은 김대중 전 대통령의 '국민의 정부'가 들어서서도 변경되지 않았습니다. 사람들은 시화호 개발 사업이 얼마나 많은 사람들의 삶을 고통스럽게 하였는지를 상기시키면서 '유기체적 신체'를 소멸시키는 일은 더는 말자고 말했습니다. 그러나 표밭의 눈치를 살피는 것에 급급한 권력자들은 결단을 내리지 못하고, 그 와중에 갯벌은 죽어 가고 있습니다.

2003년 6월의 토요일, 그 갯벌을 살리고자 팔백 리 길을 쉼 없이 이어온 삼보일배 순례단이 서울시청 광장에 모였습니다. 그것은 긴 순례를 마무리하는 의식이었습니다. 조계사를 떠난 삼보일배 행렬은 타인들에게 끼치는 피해를 최소화하겠다는 마음으로 자동차 갓길을 따라 조심스럽게 머리를 조아리며 갔습니다. 땅에게, 하늘에게, 그리고 다음 세대에게 "미안하다. 미안하다. 파괴의 인간이었음이 부끄럽다." 며 뙤약볕에 지린내 나는 시멘트 바닥에 몸을 숙이며 갔습니다.

시청 광장에서 불교식, 기독교식, 원불교식, 천주교식 기도를 드린 이 행렬은 광화문 공원으로 마무리를 하러 돌아갔습니다. 돌아가는 길에 전경들이 길을 막았고, 그들에게 분노한 몇몇 과격한 이들이 몸싸움을 하려고 했지만 '평화'가 몸에 밴 참여자들은 그들을 말리며 뒷길로, 옆길로, 폭력을 피해 가며 광화문 공원에 도착했습니다. 또 한번 하늘에, 또 서로에게 큰절을 한 이들은 조용히 삼삼오오 헤어졌습니다. 이들은 광화문 거리를 메우며 '세'를 과시할 법한데도 스스로를 낮추었고, 청와대가 지척인데도 '쳐들어가지' 않고 조용히 기도하는 마음으로 집으로 돌아갔습니다.

잠시였지만 나는 참으로 아름다운 사람들과 함께 있었습니다. 갯벌은 개발 독재의 논리를 가진 사람들에게는 하루아침에 없애 버려도 되는 하찮은 것일지 모릅니다. 그러나 미래 세대의 삶을 내다보는 사람들은 달리 생각합니다. 나는 그곳에서 우리 사회의 새로운 시민들을 만났습니다. 전경들이 그들을 제지했을 때 삼보일배로 응하지 않은 것이 못내 아쉬웠지만, 나는 삼보일배식 순례가 조만간 생태 운동의 새로운 스타일을 창조해 갈 것이라고 생각합니다.

재앙의 시대가 오고 있습니다. 삶이 총체적으로 붕괴해 가는 해체기에 대통령은 분명 '못해 먹을' 어려운 자리일 것입니다. 그러나 해결의 열쇠는 권력자들의 손에 있고, 그들이 내린 결정은 수십, 수백, 수천 년간 미래 세대의 삶을 좌우할 것입니다. 개발 독재 시대에 만들어진 구상을 전면 재검토하고 그 시대에 길들여진 '몸'을 바꾸어 가야 합니다. 개발 독재 시대와 결별할 마스터플랜을 짜는 일은 어려운 결단을 요구할 것입니다. 끊어진 실핏줄을 잇고, 감각 기관을 살려 내며, '공공의 목초지'를 만들어 갈 때입니다.

생태 환경의 시대라는 21세기에 새만금 갯벌을 아주 훌륭한 생태 박물관으로 만들어 낼 수 있으면 좋겠습니다. 성찰과 상상력이 필요한 시대입니다. '죽임'의 시대에서 '살림'의 시대로 넘어가는 길목의 진통이 너무 늘어지고 있어 안타깝습니다. *2003 한국일보*

# 진퇴양난 1.
## 잘 키운 우리 딸

최근 공무원이 가장 좋은 직업 중 하나로 떠오르고 있다. 고용 불안이 심해지면서 평생 고용을 보장하는 (듯한) 공무원이란 직업이 '신이 내린 직업'으로 부상한 것이다. 약대, 교대가 인기를 끄는 것도 같은 맥락이다. 그런데 막상 내용을 들여다보면 공무원 삶이 쉽지 않다.

대학 졸업 후 곧 행정 고시를 통과해 부러움을 샀던 제자는 서른이 되기 전에 적절한 파트너를 만나 근사한 결혼식을 올리면서 주변의 부러움을 샀다. 가장 행복해야 할 신혼 6개월에 이 제자가 고민에 찬 얼굴로 찾아왔다. 거의 매일 밤 열한두 시 넘도록 '회사'(공무원들은 요즘 자기 직장을 이렇게 표현한다.)에 남아서 일을 하는 탓에 부부 관계가 소원해지고 있다는 것이었다. 남편은 저녁 일곱 시 정시에 퇴근하는 '정상적인' 직장에 다니는데 아내가 집에 없으니까 밖으로 나돌기 시작했고, 급기야 부부 관계에 금이 가는 것이 느껴진다는 것이다. 그래서 직장을 그만두어야 할지를 두고 심각하게 고민을 하고 있다고 했다.

나는 남편에게 요리 학원에 가게 해 보라는 말 외에 달리 조언할 말이 없었다. 이 졸업생이 남자였다면 어땠을까? 직장에서 먼저 돌아온 아내가 집에서 저녁 식사 준비를 하면서 기다리는 관계로 큰 문제가 되지 않을 확률이 꽤 높다. 아이라도 낳게 되면 친정이나 가정부 도움을 받아 그런대로 가정을 꾸려 갈 것인데, 이 제자는 책임감도 강해 아이를 낳아 부모라는 사람이 별로 만나지 못하고 키워야 한다면 아이를 낳지 말아야 한다고 생각하는 사람이다. 그래서 결국 남은 선택은 어렵게 얻은 공무원 직장을 포기하고 집으로 돌아가는 것, 아니면 이혼을 하는 것이다.

2007년 행정 고시나 외무 고시 합격자 중에 여자가 40%가 넘었다면서 여성 운동의 성과라고 축하하는 인사를 종종 받았다. 그런데 막상 고위직을 공개 채용하는 자리에 인사 위원으로 가 보면 다른 위원들이 이제 할당제 같은 것은 필요 없다고 까놓고 이야기한다. (물론 그런 자리에 가면 아직도 나는 홍일점이다.) "십 년만 지나면 여자들이 다 잡을 것인데 지원은 무슨 지원이냐?"는 것이다. 그러나 현실을 보면 고시를 통과한 내 주변의 재원들이 아이를 낳으면 일을 접고 대학원을 가거나 일을 대폭 줄인다. 나는 답답해하면서 그럴 것이면 뭐하러 그 고생해서 고시를 보았냐, 그냥 법조계 진출할 남편 만나 일찌감치 내조할 생각이나 하지 하고 빈정거려 보지만, 그 친구들 상황에서는 그것이 최선의 길이다.

일터의 구조가 이렇게 가정은 물론 개인의 자율 공간도 전혀 없이 오로지 조직에 충성하는 일꾼만 남는 형태로 간다면 결국 일터에서 살아남을 사람은 '아내'가 있는 남성이나 싱글 여성밖에 없을 것이다. 물론 '아내' 같은 남편을 만난 여자들도 살아남을 것이지만 그 수는 매우 적다. 이십여 년 동안 나는 사회 진출을 하는 여성들이 많아지면서 동시에 가정에서 아내와 같은 역할을 잘하는 남성들이 많아지기를 기대하며 여성학을 가르쳐 왔는데, 사회 변화는 그런 균형을 맞추는 방향으로 발전하지 않았다. 오히려 점점 더 일터 중심의 비인간적 사회가 되다 보니 고시를 통과해도 결국 남자들만 남는 구도가 고착되고 있다.

흥미로운 것은 여자들이 어렵게 얻은 일터를 미련 없이 그만두기도 한다는 것이다. 매달려 하는 일 자체가 예전처럼 사회를 구하는 일도 아니고, 다른 이들을 행복하게 하는 일이 아니라 사회적 강자를 옹호하거나 기득권을 강화하는 일일 때가 더 많아서 삶의 의미조차 찾기 어렵다는 것이다. 좀 비약해서 표현하면 일터는 '자발적 노예 노동'을 하는 스물네 시간 노동의 대기소이고, 동료 간의 관계는 묘한 끈끈함으로 이어지는 비합리적 관계가 되거나 경쟁력 높은 회사처럼 '이기지 않으면 죽는다.'는 경쟁 관계여서 하루하루가 버티기 힘들다는 것이다.

이런저런 이유로 미래를 짊어질 것 같던 알파걸, 여성 재원들은 진퇴양난에 빠져 있고, 한국은 그간 쌓은 '경쟁력'을 소진하며 후퇴를 거듭하고 있다. "산업화에는 뒤졌지만 정보화에는 앞서자."는 구호가 실현되는 듯한 때가 있었는데 구호가 무색하게 다시 봉건적 남성 중심 공화국이 공고해지면서 뒤지는 국가가 되고 있음이 역력하다.

진퇴양난이다. 성공적으로 키운 우리 딸들은, 그리고 대한민국은. [2007]

# 진퇴양난 2.
# 오래된 연인들

내 주변에는 오래된 연인들이 많다. 연애한 지 백 일만 되어도 축하 파티를 하는 시대에, 오륙 년씩 연애하는 친구들을 보면 참 기특하다. 그런데 나이 서른이 넘어도 결혼할 생각들을 안 하는 것 같아서 물어보았다. 둘 다 좋은 직업을 가지고 있고, 결혼해서 얼마든 잘살 수 있는데 왜 결혼을 하지 않느냐고. "그냥 이대로가 좋아요." 그래도 다그쳐 묻자 그는 다 아는 것을 뭐 새삼 묻느냐는 식으로 쳐다보더니 "가족 때문이죠. 그 구도에 들어가고 싶지 않아서요."라고 말한다. 결혼을 했을 때 부모가 요구할 그 많은 무리한 것들, 부모들이 재현해 낼 상반들은 상상도 하기 싫나는 깃이다. 실은 자기 형은 그런 것이 싫어서 집을 나간 지 몇 년이 되었다고 한다.

그래서 "그럼 그냥 동거를 하지." 말하니까 그냥 웃는다. 이들은 둘 다 일류대를 나오고 기존 직업이 싫어서 좀 자유로운 벤처를 선택해서 다니면서 새로운 일을 하는 재미도 보는 꽤 행복한 청년 인구에 속한다. 그리고 부모는 경제적으로 부유한 편이다. 그 재산을 놓치기 싫어서일까? 그는 그것이 아니라고 말하긴 힘들지만 지금으로서는 형이 나간 후 부모들이 상심하는 모습을 본 자신으로서는 그렇게 다시 상처를 줄 수는 없을 것 같다고 한다. 그렇다면 더욱 일시적으로나마 그 관계를 단절해야 하지 않나? "따로 떨어져 거리를 두고 있다 보면 좀 다른 관계 구도를 만들어 낼 것이니 오히려 동거를 시작하는 것이 좋겠네." 하니 "게다가 여자는 더욱 그렇게 하기 쉽지 않죠." 한다.

답답해지면서 나는 속으로 "아, 이래서 이들을 포스트모던 세대라 불러야 하나…" 하고 생각한다. 나 같은 '근대적 인간'은 이런 어중간한 상황을 견디지 못한다. 그런 오랜 연애로 서로 인연을 맺기로 했다면, 그냥 집을 나와 동거를 하면서 즐겁게 살 것이다. 이십대와 삼십대 나이에 사랑에 빠진 사람과 한 지붕 아래 오순도순 살다가 주말이나 저녁에 약속 잡지 않고 이곳저곳 여행을 하는 삶보다 더 즐거운 삶이 있을까? 그렇지 않아도 부모 자녀 관계는 의존 관계에서 독립으로, 그 이후에 다시 상부상조 관계로 전환해야 하는 것이고, 이런 단절의 시기를 갖는 것은 여러모로 두 세대 부부 모두에게 최선의 길일 테다.

잠시 상처 받고 힘들겠지만 자식이 자기 길을 찾아 떠나고 나면 빈 둥지에 남을 부모도 자신들의 삶을 돌아보고 둘만의 관계를 재조정하는 시간을 가지게 되는 것 아닌가? 아이들을 충분히 키웠으니 헤어져서 각자 자유롭고자 한다면 그렇게 하고 아니면 다시 예전처럼 연애를 하면서 지내게 되면 전화위복이 되는 것이다. 좀 시간이 지나면 그

것이 아주 지혜로운 일이었음을 깨달으면서 감사하게 되지 않을까? 일단은 동거를 '감행'하면서 집과 단절을 하는 것이 자신들을 위해서나 부모를 위해서 좋을 텐데.

그러나 이 '한국적 포스트모던' 세대는 그것을 '감행'하지 못한다. 부모에게 상처 주는 일을 차마 못하는 '착한 심성'을 가졌다는 것, 그렇게 용기 있게 사고를 쳐 본 경험이 없다는 것, 여전히 여자들에게 약간의 정절 이데올로기 같은 것이 요구되는 봉건 사회라는 것, 여기에 미래가 너무 불투명하고 불안한 것도 걸림돌이 되고 있다. 부모의 도움 없이는 집 마련이 힘들고, 특히 그간 유지해 온 생활수준을 대폭 낮추어야 하는데 그것도 행동을 결정하는 데 암암리에 크게 작용한다. 게다가 한국의 부모들은 오로지 자식에게 돈을 물려줄 생각으로 그렇게 힘들게 살아오신 것 아닌가? 분명한 것은 근대화/개인주의화/합리화가 진행되던 한국 사회가 21세기에 들어서서 개인주의도 집단주의도 아닌 아주 이상한 어떤 곳으로 가고 있다는 것이다.

진퇴양난이다. 오래된 연인들은, 그리고 대한민국의 가족은. ♂2007

# 고실업 위험 사회를 살아 내기

위험 교실
부산 '우다다학교' 무인도 답사 사건이 우리에게
열정 꺼지지 않는
노동하는
서로 소통하는
추석 속으로
삶의 기본기를
아이들을 망치는
아이들이 행복하게

# 빨간
## 마후라

　　　　　중고교생들이 포르노 비디오를 직접 출연해서 만들고, 팔았다고 온 나라가 난리가 났다. 그러나 아이들이 살고 있는 사회적 환경을 조금이라도 알고 있는 어른에게 이 일은 그리 놀랄 일이 못 된다.

　'가족과 성 상담소'에서 1997년 실시한 남녀 중고생 성 의식 실태 조사에 의하면 여고생의 57.2%, 남고생의 60.8%가 이성 친구와 손을 잡아 보았고, 여고생의 29.6%, 남고생의 39.1%가 포옹·키스를 경험했다. 좀 극단적으로 표현하면 지금 시대를 살아가는 중학교 2학년 정도의 남학생들에게는 포르노를 보지 않을 권리는 주어져 있지 않다. 또 친구들에게 '선망의 눈길'을 받고 싶은 그 또래의 여학생이라면 그녀에게는 '섹시'하지 않아도 될 권리가 '없다'.

　지금 십대들은 텔레비전과 함께 자란 영상 세대이며 소비 상업주의를 살아가야 할 존재다. 그들은 성은 좋은 것이고 놓쳐서는 안 되는 것이라는 메시지를 일상적으로 듣고 보며 자랐다. 이 아이들은 한차례 매체 돌풍을 몰고 왔던 누드모델 이승희의 섹시한 표정이나 아름다운 여배우 샤론 스톤이 묘한 표정을 지으며 "강한 걸로 넣어 주세요."라고 말하는 광고 화면을 몸으로 '느낀다'. 이들은 실제로 성적으로 매력이 있어야 취직도 잘되고 결혼도 잘하는 세상이라는 것을 알고 있다.

「빨간 마후라」 사건은 이런 사회적 분위기에서 불거져 나온 한 작은 사건이다. 사춘기를 거치고 있는 몇몇 조숙한 아이들이 성적인 놀이를 했을 것이고, 그것을 비디오로 찍는 취미를 가진 아이가 있었을 것이고, 마침 비디오를 찍었는데 생각보다 잘 찍혀서 친구들에게 보여 주었을 것이고, 그것을 본 친구 중에 돈 버는 데 일찍 눈뜬 아이가 복사해서 팔았을 것이다. 어쨌든 이 사건으로 아이들은 구속되었고, 이런 유의 비디오물이 인기를 끌 것이며, 세태를 한탄하던 이들의 호통 소리에는 힘이 실렸다.

사실상 도덕적 엄숙주의와 선정적 상업주의는 돈이면 무엇이든 하는 천민자본주의를 계속 굴러가게 하는 '한 몸체의 두 얼굴'이다. 지금 언론에서는 이 아이들을 구제 불능한 '나쁜 아이들'로 낙인을 찍어 격리시키려 하고 있지만 바로 그 언론이 시간이 얼마 흐른 후에 이들을 스타로 치켜세울 가능성은 충분히 있다. 상업주의 시대의 문법이 바로 그런 것이다.

그런데 정작 상업주의보다 더 염려스러운 것이 있다. 부모 중에 가장 무책임한 부모는 아이를 두고 통탄하는 부모일 것이다. 자신의 아이가 그렇게 될 때까지 까맣게 모르고 있던 부모들은 무능하기 짝이 없는 부모가 아닌가? 그렇다면 자라나는 세대의 세태를 두고 통탄을 하는 나라의 '어른'들은 어떤가? 지금 일고 있는 '십대 때려잡기' 움직임을 보면서 정작 염려스러운 부분은 십대가 아니라 바로 '호통' 치는 어른들의 세계다.

배가 고픈 시대에는 식욕과 물욕이 삶의 동기가 되고, 관계의 끈이 끊어져 가는 시대에는 성욕이 삶의 동기가 된다. 압축적 경제 성장기를 거친 우리 사회는 지금 '식욕 중심적' 기성세대와 '성욕 중심적' 신세대가 서로를 무슨 낯선 짐승 대하듯 바라보고 있다. 농경적 시간에서 탈근대적 시간까지를 한 세대 안에 여행해야 했던 이들에게 그 엄청난 변화를 다 소화해 내라고 하는 것은 무리한 요구가 틀림없다. 그러나 달리 피해 갈 길은 없지 않은가? 통탄과 호통의 소리는 합리적 해결에 반비례한다.

지금 우리 사회에 필요한 것은 다음 세대를 밀어 내치지 않고 끌어안을 수 있는 어른들이다. 폭력과 섹스를 통해 존재의 허무와 순수를 말할 수밖에 없는 21세기적 문법을 좋아하지 않아도 좋다. 적어도 그들과 의사소통하려는 의지를 놓치지 않아야 한다.

마침 인터넷에 십대들만의 이야기 마당을 꾸리고 있는 한 아이한테서 전화가 왔다. "정부와 언론이 마치 십대들과 전쟁을 하려는 것 같지 않니?" 하고 묻는 내 물음에 아이는 껄껄 웃으며 말한다. "전쟁은 무슨 전쟁이요? 학살이지." 금방 변성기를 지난 이 아이의 영감 같은 목소리에 짙은 냉소주의가 깔려 있다. ⓒ1997 한국일보

# 위협 교실, 침묵은 독

2001년 4월 10일 서울의 한 인문계 고등학교 3학년 교실에서 일어난 일이다. 한 학생이 점심을 먹고 있는데 2학년 때 같은 반이었던 학생이 들어와 칼로 머리를 마구 내리 찔렀다. 피해 학생의 손가락이 잘려 나갔고, 머리는 온통 피투성이가 되었다. 마침 보고 있던 동급생이 의자를 던지지 않았더라면 그는 하루아침에 목숨을 잃을 뻔했다. 가해 학생은 피해 학생에게 꿈에 자기 어머니 욕을 했다는 둥 횡설수설했다고 한다. 가해자 부모는 아이를 곧바로 정신병원에 입원시켰고, 피해 학생은 손을 제대로 못 쓰는 상태로 여전히 입원 치료 중이다. 피해 학생은 친구들도 보고 싶고 입시 공부도 해야 하는데 ─ 이 학생은 2학년 때 반장이었다 ─ 교실에 앉아 있으면 또 누가 뒤에서 찌를 것 같은 공포감이 들어 학교에 다시 갈 수 있을지 모르겠다고 말한다.

이 사건은 요즘 종종 일어나는 '집단 따돌림'의 경우도 아니고 교사 폭행 사건도 아닌, 지금껏 교실에서 일어난 것과는 좀 다른 유형의 폭력 사건이다. 아마도 총기 소지가 가능한 미국 같은 곳에서는 바로 총기 사건이 되는 경우일 것이다. 사건 당일 대부분의 일간지들에 "여고생, 교실에서 손가락 잘려" 식의 보도 기사가 나갔다. 사건 직후 병문안이 이어지고 학교장이 찾아오는 등 부산스러웠지만, 막상 50일이 지난 지금의 병실은 조용하다. 학교 쪽에서는 점심시간에 일어난 일이라 교사가 어쩔 수 없었다고 하고, 가해자 쪽과는 아직 합의를 보지 못하고 있다. 재판상에서도 별 진전이 보이지 않는 상황에서 피해 학생 어머니는 신경 안정제로 하루하루를 버티고 있고, 다른 두 동생을 학교에 보내는 것조차 두렵다고 한다.

분명 이 사건은 가해자 쪽에서 피해 보상을 하겠지만 궁극적으로는 학교가 책임져야 하는 일이고, 학교가 앞장서서 풀어야 하는 일이다. 이런 사건에 대비해서 학교가 안전공제회에 가입을 하는 것이고 학교운영위원회가 구성된 것 아닌가? 점심시간에 일어난 일이건 수업 중에 일어난 일이건 이런 사건의 책임을 담임교사에게 물을 일은 아니다. 이런 일까지 담임에게 책임을 물으면 지금 같은 상황에서 누가 교사를 하려고 할까? 이 일은 학교의 총책임자가 교육적 입장에서 교육기관답게 풀어 가야 할 일이다. 적어도 학교 당국자는 피해자 가족이 치료비 걱정 없이 치료를 받을 수 있도록 안심시키면서 충격에 휩싸인 학교를 정상화해야 한다.

이는 또한 학부모들이 나서서 함께 마무리해 가야 할 사안일 것이다. 언제 자기 자식이 칼에 찔릴지 모르는 현실을 그대로 방치한다는 것은 자식을 사랑하는 부모가 할 짓이 아니다. 이런 사건이 일어났을 때의 침묵은 한창 감수성 예민한 아이들 정신 건강에 아주 해롭다. 피를 본 아이들에게 사건을 잊어버리고 공부만 하라고 한다고 해서 공부가 잘될 리가 없다. 많은 아이들이 비실비실 앓고 있는 것에는 다 이유가 있다. 전통 사회에서 '공동체 굿'을 했듯이 함께 해결 방안을 마련하면서 학교에 떠도는 나쁜 기운을 맑게 하는 시간을 가져야 한다는 말이다. 학교를 괴담이 떠도는 공간으로 내버려 둘 수는 없지 않은가?

아이를 사랑하는 교육자와 현명한 부모들이 이 불행한 사건을 전화위복의 계기로 삼을 수 있기를 바란다. 고3이니까 눈 딱 감고 공부나 하라는 가르침은 불행을 풀어내는 최악의 방법일 것이다. 사건의 전모를 정리하는 자리를 마련하여 아이들이 악몽에서 풀려나고, 기성세대와 사회에 대한 신뢰감을 회복할 수 있도록 어른들이 합심해서 사건을 마무리 지어 주길 바란다. 불행을 당한 친구를 학교로 다시 불러들일 준비를 하면서 이 아이들은 앞으로 오는 21세기의 험난한 '위험 사회'를 살아 낼 지혜와 내적 힘을 기르게 될 것이다. 후기 근대적 상황에서 아이의 행복을 보장하는 것은 대학 졸업장이 아니라 자기 삶의 공간을 회복할 줄 아는 능력이다. *2001 한겨레신문*

# 무고한
# 죽음

짧게 살아간 소녀의 영전에 바치는 글이다. 소녀의 부모 되는 분들에게 위로가 될 짧은 글이나마 바치지 않으면 내내 괴로울 것 같은 심정에서 쓴다.

2000년 3월 15일 중학생이 엘리베이터 속에서 화풀이로 자기보다 어린 중학생을 죽인 사건이 일어났다. 보도에 따르면 중학교 3학년인 한 소년이 아버지한테 폭언을 듣고 화가 나서 부엌칼을 들고 거리로 뛰쳐나갔다고 한다. 거리를 배회하던 중 친구들과 행복하게 웃으면서 귀가하는 작은 여학생을 보고 엄마 생각을 했다 한다. "우리 어머니는 죽도록 고생하는데 저 아이들은 왜 저렇게 행복할까?" 그는 친구와 막 헤어지는 여자 아이를 따라 엘리베이터 속으로 따라 들어갔고, 짧은 시간 동안 여러 차례 마음이 바뀌었지만 여학생이 내리려는 순간 범행을 저질렀다고 한다.

인류 역사 이래 설명 불가능한, 그래서 너무나 억울한 죽음은 늘 있었다. 하필 그 시간 그 자리에 있었기에 벼락 맞아 죽은 사건 같은 것 말이다. 지금도 대형 버스나 비행기 사고로 인한 죽음은 이런 우연으로 설명되곤 한다. 이 소녀의 죽음 역시 그러하다. 그러나 벼락을 맞은 경우와 후자의 사건에 차이가 있다. 그것은 그 죽음이 천재지변이 아니라 인재지변이라는 점이다.

도저히 합리적으로 납득할 수 없는 '사회적 재앙'이 일어나면서 우리는 합리와 이성에 대한 믿음을 잃고 있다. 인과 관계가 성립되지 않는 어처구니없는 상황에서 우리가 할 수 있는 일은 지극히 방어적으로 사는 길밖에 없는 것처럼 보인다. 한 신문 사설에서는 어머니에 대한 애정이 남달랐고 학교생활이 모범적이었다는 '착한' 소년이 그런 범행을 한 것은 쉽게 납득이 가지 않기 때문에 정신 감정을 해야 한다고 말하고 있다. 정신 감정 운운하는 논설위원은 이 사건이 '정신병자'에 의한 것으로 밝혀져서 이 세상은 아직은 안전하다는 결론을 내리고 싶겠지만 실은 반대로 이 사건이야말로 후기 근대에서 일어나는 범죄의 전형이다.

근래까지 가정 내 폭력의 희생자인 아이는 나중에 자라서 자기가 폭력 남편이 되거나 아니면 폭력을 휘두른 아버지에게 폭력 행사를 해서 복수를 하곤 했다. 그런데 최근 들어 그 패턴이 깨지고 있다. 사건과 관련이 없는 무고한 사람이 희생당하는 일이 벌어지는 것이다. 타인에게 아무런 잘못을 하지 않있는데도 무고하게 죽임을 당하는 일이 일상적으로 벌어지는 '위험 사회' 속에서 우리는 살고 있다.

신문에서는 이 사건을 폭력 가정의 문제로 풀면서 청소년의 우발적인 범행을 막기 위해서는 어려서부터 감성 교육을 해야 한다거나 극단적인 범행을 생각 없이 저지르게 만드는 폭력 문화를 바꾸어야 한다는 전문가 의견을 싣고 있다. 가정 폭력이 청소년 범죄로 이어지는 연결 고리를 차단하는 장치가 시급하다는 주장도 한다. 일리가 있는 처방이기도 하다. 그러나 누가 문제 해결을 위해 팔을 걷어붙이는가?

지금 상태로 간다면 가정 폭력에 시달리는 아이들은 점점 더 많아졌으면 많아졌지 줄어들 가능성은 별로 없으며, '학급 붕괴' 현상으로 휘청거리는 학교가 그런 정서 교육을 할 수 있으리라고 믿기 어렵다. 상업주의가 판을 치는 가운데 유해한 환경에서 아이들을 격리한다는 것 역시 거의 불가능해지고 있다. 위험으로부터 아이를 보호하려고 가두어 두다가는 아이가 세상을 제대로 살아갈 능력을 갖추지 못해 결국 낭패를 보게 될 것이고, 내버려 두다가는 언제 무슨 일을 당할지 모르는 세상에 우리가 살고 있다. 그 외 개인이 할 수 있는 일은 생명 보험에 드는 일밖에 없는 것으로 보인다. 그러나 사랑하는 사람을 잃고 돈이 무슨 의미가 있을 것인가? 사회가 워낙 험악하다 보니 똑똑한 사람들은 아이를 낳지 않으려 하고, 그러다 보니 더욱 아이들이 살아갈 안전한 세상 만들기 작업은 멀어지고 있다.

무고한 죽음을 줄이기 위해서는 아주 다른 식의 접근이 필요하다. 가정 폭력이 청소년 범죄로 이어지는 연결 고리를 차단하는 장치도 필요하지만 무엇보다 가정 폭력을 사회 문제로 인식하는 것이 필요하다.

맞고 사는 이웃 여자의 아이가 '내' 아이의 친구가 될지, 아니면 내 아이를 범할 폭력의 화신이 될지는 결국 부모와 시민들의 노력에 달려 있다. '악한'을 감시하기 위해 아무리 무수한 장치를 한다 해도 이 거대한 익명의 도시 공간에 아이를 키울 수 있는 안전지대는 없다.

'내 아이'와 '우리들의 아이'의 테두리를 넓히며 더불어 사는 터전을 만들어 가는 것 외에 우리가 안전한 삶을 되찾을 방도는 없다. 부모들은 이제 '나/우리'의 아이를 위해 지역 모임을 만들고 국회의원 후보자 중 폭력 남편은 없는지 따져 보아야 한다. 부모들은 이제 폭력 문화와 폭력적 정치판을 뒤바꿀 운동에 적극 나서는 새로운 시민 세력으로 성장해야 하는 것이다. ♂2000 중앙일보

# 과잉의
# 시대에
# 살아남기

급식비로 사고 싶은 물건을 사 버리고는 점심을 내내 굶는 아이가 이해되지 않는 교사가 있다. 이성에 실은 별 관심이 없으면서 '술집 여자' 패션을 하고 다니는 아이를 보면 애간장이 타는 어머니가 있다. 노동은 신성한 것이라고 말하면서 정작 아르바이트를 하는 청소년을 보면 '탈선 학생'이나 '불우 청소년'을 떠올리는 어른이 있다. 우리 사회는 지금 이렇게 서로를 이해할 수 없어 하는 사람들로 가득하다.

상품이 홍수를 이루는 소비 사회란 바로 '소비가 미덕인 사회'를 말한다. 다품종 소량 생산 체제에서는 잘 써 본 사람이 잘 번다. 좋은 음식을 먹어 본 사람이 일류 호텔의 주방장이 되고, 맵시에 지대한 관심을 가진 아이가 잘나가는 패션 디자이너가 된다. 다양한 문화 활동에 몰입한 경험이 있는 아이가 문화 기획자가 되고 또 유능한 매니저도 된다. 후기 근대를 생산자가 곧 소비자가 되는 '생비자의 시대'라고 말하는 이유가 바로 여기에 있다.

아이들이 소비에 치중하는 것이 못마땅하다면 아끼라고 말하기보다는 일할 수 있는 기회를 제공하는 것이 좋다. 어릴 때부터 심부름을 하면서 돈을 벌고, 학교에서 학예회라도 기획해서 부모 친지들에게 표를 팔아 보기도 하고, 중고등학교 때는 패스트푸드점에서 아르바이트를 하게 되면, 아이들은 돈의 소중함을 알게 되고 돈을 그렇게 헤프게 쓰지도 않을 것이다. 우리 사회는 그런 기회를 주지도 않고 돈 관리를 하는 방법을 가르치지 않으면서 아이들을 나무란다. 소비 사회의 아이들은 자기 나름의 꿈을 이루기 위해서 돈이 필요하다. 그것을 얻어 내기가 너무 힘든 상황에 처하면 아이들은 자원을 독점한 기성세대에 적대감과 불신감을 갖게 된다. 돈을 마구 쓰고 몸을 마구 굴리게 되는 것은 지금 어른들이 자원을 독점하고 아이들을 자기 식대로 관리하려고 들기 때문이다.

아이들과 빈 마음으로 자원을 나누자. 스스로 돈 관리, 몸 관리를 할 수 있게 자율의 공간을 마련해 주자. '결핍의 시대'를 살아가는 전략이 있듯이, '과잉의 시대'에 살아남는 전략이 있다. 그 전략은 금지와 금욕이 아니라 체험과 자기 기획의 원리를 바탕으로 한다. ⓒ2000 중앙일보

# 글로벌 시대
## 국경
### 넘나들기

하나: 방학 중 초등학생 대상 해외 어학연수 프로그램이 늘고 있다. 2~4주간 해외 연수에 300만 원 이상.

둘: 유럽에서 어학연수 중이던 여대생의 피살 사건. 이 사건의 열쇠를 쥔 것으로 알려진 민박집 주인은 전자 우편을 통해 자신은 범인이 아니며 죄가 있다면 엑스터시라는 마약을 먹을 수 있도록 알려 준 것밖에 없다고 했다.

셋: 가출 사이트가 급증했다. 사이트에 들어가 보면 "가출 경험, 가출 중, 가출 충동, 힘든 사람들끼리 모이자구!" 등 가출을 부추기는 내용을 보게 되고, 이런 사이트는 단순히 가출을 부추기는 데 그치지 않고 일부 악덕 성인들이 가출 청소년들을 악용하는 매개가 되고 있다.

최근 기사들이다. 상관이 없어 보이기도 하지만 내게는 상호 밀접한 관련이 있어 보인다. '울타리 넘나들기'가 일상화되는 시대에 겪는 진통이라는 점에서 그러하다. 해외 연수 초등학생 인원은 2001년 1월에서 8월까지 통계로 보면 7,148명에 불과하다. 그러나 실제 수와는 달리 주변을 돌아보면 조기 어학연수에 대한 부모들의 열기는 대단하고, 대학생 수준에 가면 그 숫자는 기하급수로 높아진다. 글로벌 시대에 대한 인식이 그만큼 높아졌고, 또 원화의 가치가 높아졌기에 가능해진 현상이다. 한두 번의 해외여행을 통해 어학을 잘하게 되고, 글로벌 시민으로서의 인식과 감수성을 갖게 된다면 빚을 내서라도 자녀들을 한 번은 보낼 만한 여행일 것이다. 그러나 실제 해외 연수를 갔을 때 얻어 오는 것보다 부작용이 많은 것은 왜일까?

어학 연수생들의 잦은 실종 사건으로 '쇄국 정책'을 쓰려는 가정이 갑자기 늘어나고 있다고 한다. 그러나 지금 시대에 그것이 해결책이 될 수는 없다. 전 지구화 시대에 경계 넘기는 불가피하다. 그리고 외국어를 잘하려면 먼저 울타리를 가볍게 넘나드는 마음가짐이 되어야 한다. 자기 말과 자기 문화만이 자연스러운 것이라고 고집하는 사람이 외국어를 잘할 수 있을 리 없다. 그래서 '들락날락거림'에 대한 태도와 구체적 방법론에 대해 고민해야 할 때다.

유럽의 유서 깊은 유스 호스텔 제도도 실은 '가정 울타리'를 벗어나고 싶은 아이들에게 안전하게 가출 경험을 하게 하려고 만든 것이고, 세계 방방곡곡으로 나갔던 미국의 평화봉사단도 무기력해져 가는 자국 청소년들로 하여금 적극적으로 국경을 넘나드는 사람들이 되게 하려고 만든 제도였다. 우리 자녀들은 지금 어학연수라는 이름으로 부모가 뼈 빠지게 번 돈을 쓰면서 그 경험을 하고 있는데, 그 경험은 예비 연습이 없었음으로, 또 제대로 된 가이드나 제도가 없음으로 해서 많은 부작용을 낳고 있다.

술과 담배에 절어 있는 우리 청소년들을 위해 이제 우리 정부도 다양한 '국경 넘나들기 프로젝트'나 '가족 울타리 넘나들기' 프로젝트를 마련해야 하지 않을까? 시인이나 소설가나 향토 사학자가 주인인 아담한 청소년 여인숙들이 국가 지원으로 연결되고, 그 여인숙 지도를 따라 '출가 청소년'들이 청소년 우대 기차표로, 또는 자전거로 자기 찾기 여행을 떠나는 모습을 상상해 보자.

'경계 넘나들기'와 '탈선'의 차이는 제대로 된 연습의 기회가 있는지 없는지에 달려 있다. ♂2002 한겨레신문

# 청소년은
## 누구?

     교실 붕괴와 청소년 문제로 온 나라가 떠들썩하다. 신문과 방송, 텔레비전 토론회 등이 줄줄이 이어지고 있는데, 듣고 있으면 모두가 청소년 문제 전문가인데, 실은 전문가가 없다.

  수업을 듣는 학생들에게 청소년에 대해 써 보라는 숙제를 내 준 적이 있다. 다음은 19세인 1학년 학생이 쓴 글이다. "청소년의 반대말은 '자유'다. 우리나라의 비인간적인 교육 현실과 십대들에 대한 사회의 인식이 변하지 않는 한 이 말은 진실이다. 나는 청소년이라는 딱지를 거부한다. 내 자신을 청소년이라고 인정하는 것은 곧 내 주체성을 포기하고 사회의 통제에 움직여지는 꼭두각시임을 인정하는 것이기 때문이다." 이 학생이 청소년이라는 단어에 그토록 큰 거부감을 갖게 된 이유는 어디에 있을까?

  청소년이라는 단어가 사용되어 온 과정을 가만히 따져 보면 우리나라 현대사가 보인다. 1970년대에 '근로 청소년'이란 단어가 등장했다.

근로 청소년이란 '불우한' 환경 때문에 학교에 가지 못하고 공장에 다녀야 했던 젊은이를 가리킨다. '행복한 학생'과 '불우한 청소년'이라는 이분법이 이때 생겨났고, 십대가 아르바이트를 하는 것을 결사적으로 말리려 하는 교사나 부모는 이때 생긴 생각을 지금도 그대로 가지고 있는 사람들이다.

1980년대에 들어서면 거의 대부분이 고등학교에 진학하게 되고, 근로 청소년이란 개념은 사라진다. 정부에서는 하루 열네 시간 수용소와 같은 입시 준비 학교에 묶여 있는 학생들에게 '호연지기'를 기르는 기회를 주기 위해서 청소년 수련관들을 짓고, 청소년 지도사 제도도 만든다. 하지만, 십대들은 여전히 학교에 묶여 있어서, 간간히 청소년 행사에 차출되거나 동원될 때만 '청소년'이지 실제로는 학교에 묶여 있어야 하는 '학생'일 뿐이었다. 이 시기를 통해서 청소년은 '착한 학생'과 '불량 청소년'으로 이분화된다.

십 년이 지난 지금, 아이들이 급격하게 '불량 청소년화'하고 있다는 한탄의 소리가 높아지고 있다. 정부에서도 '관리' 불가능한 상황을 알아차리고, 자율권을 주어야 한다는 쪽으로 의견을 모으고 있다. 그런데 이미 담배를 피워 온 지 오래고, 밤새 통신을 하면서 자기들의 공간을 만들어 간 아이들은 어른들이 주겠다는 자율권에는 별로 관심이 없다. 어제까지는 어떻게든 학교에만 묶어 두려고 하더니 하루아침에 갑자기 자율권을 주자며 칙사 대접을 하는 것도 달갑잖다. 자신들을 보호와 규제의 대상으로 보든, 육성과 구제의 대상으로 보든, 대상으로 보는 어른들의 시선이 싫은 것이다.

나는 최근 심각하게 거론되고 있는 청소년 문제의 해결 고리는 관과 청년들이 쥐고 있다고 생각한다. 관에서는 청소년 예산을 늘리고 21세기를 준비하는 청소년 정책을 일관되게 펼칠 수 있어야 한다. 그리고 그 돈을 잘 쓰려면 청년들이 필요하다. 소년 소녀들은 지금 그 어느 때보다 형/누나/언니들이 필요하다. 지금까지 묘한 반목 내지 무관심의 관계로 고착되어 온 청년과 소년들이 제대로 연결이 된다면, 청소년 문제는 의외로 쉽게 풀릴 것이다.

이제 소년과 청년들은 '학생/불우 청소년', '학생/ 불량 청소년'의 이분법을 넘어선 제3의 공간을 만들기 시작해야 할 것이다. 청소년에는 13~18세 나이의 학생만이 아니라 탈학교 청소년, 장애우 청소년, 가출 청소년들도 포함된다. 고실업 시대가 장기화된 서양에서는 최근 들어 24세+라 하여 30세까지를 청소년 범주에 넣고 있다. 한동안 멀어졌던 소년과 청년들이 스스로의 삶을 일구기 위해 다시 연대하여 활동을 시작하면, 비정상적으로 분절되었던 우리의 역사와 사회 역시 다시 연결되리라는 예감에 가슴이 따뜻해 온다. ✤1999 한국일보

# 부산 '우다다학교' 무인도 탐사 사건이 우리에게 남긴 것

1990년대에 제도권 학교가 꽤 바뀔 것 같더니 2000년대 들어서서 다시 입시 위주로 뒷걸음질치고 있다. 점점 단수가 높아 가는 사교육 시장 탓만은 아닐 것이다.

청년 실업률이 높아지고, 생존 자체가 힘들어지는 '위험 사회'에서 점점 고조되는 부모와 학생 당사자의 불안감 역시 이런 변화에 큰 영향을 미치고 있다. 어떻게든 살아남아야 한다는 절박감에 아이들은 다시 순종적이 되기로 했고, 학교는 입시 학원과 학부모와 모종의 '결탁'을 함으로 입시 교육을 더욱 공고히 하게 된 것이다.

자녀에게 나름의 자율적 시공간을 주고 싶은 부모들은 초등학교는 그래도 보낼 만하다고 한다. 다양한 경험을 하고 스스로 탐색할 시간을 낼 수 있다는 것이다. 중학교만 해도 수학여행도 가고 소풍도 간다고 했다. 그러나 고등학교에 가면 수학여행커녕 체육 대회도 잘 못한다는 것이다. 교장이 못하게 해서가 아니라 체육 대회를 왜 하느냐는 학부모

항의가 잇달아 꼼짝없이 입시 수업만 해야 한다고 한다.

극성 학부모들의 질타가 무서운 데다 잡무에 시달리는 교사들은 강요된 태업 상태에 들어간 지 꽤 되었다. 입시 관리사로 전락한 매니저 어머니들의 목소리에 지자체도 가세해서 대학 진학률 높은 '명문고' 만들라는 주문만 하니 현장 학교에서 인성 교육을 한다거나 특성화 교육을 한다는 것은 점점 더 먼 나라 이야기가 되고 있다는 것이 현장의 목소리다.

여행도 하고 특기 활동에 몰입하고 자아를 찾아 여행도 떠날 '한창 나이'의 아이들을 가두어 두는 제도권 학교를 보면 "구더기 무서워 장 못 담근다."는 속담이 생각난다. 책임질 일이 안 벌어지는 게 목적이 되어 버린 조직이다 보니 일은 안 벌일수록 좋다. 좋게 이야기하면 온실이고 안 좋게 이야기하면 편안한 감옥이다.

비인가 학교인 부산의 '우다다학교'의 학생과 교사 네 명이 지난 8월 무인도 탐사를 나갔다가 폭우에 사고를 당했다. 아이들을 위해 밤낮없이 헌신해 온 정철환 선생님, 그리고 열네 살의 김정훈, 열다섯 살의 하누리, 열여섯 살의 이태재 학생이 세상을 떠났다.

사고 소식을 접하고 대안 학교에 관여해 온 사람들은 모두 심란한 나날을 보냈을 것이다. 이런 일이 자기 학교에서 절대 일어나지 않는다는 보장이 없기 때문이다. 물론 어른들은 최선을 다해 안전을 기해야 한다. 그러나 어떤 이유에서건 '온실'에 있을 수 없게 된 아이들과, 타인에 대한 애정이 남다른 어른들이 '구더기를 무서워하지 않고' 장을 담그기로 한 상황에서, 피할 수 없는 천재지변은 감수할 각오를 해야 하는 것이다.

대안 학교에서는 사람과 일, 세상을 두려워하는 요즘 아이들이 자기 주도성을 회복하고, 서로 협동하고, 내공을 기를 수 있게 하려고 여러 가지 학습 방법을 개발해 왔다. 내가 몸담고 있는 하자작업장학교에서는 '길찾기' 학생들이 8박 9일 동안 꼬박 '걸어서 바다까지' 가는 도보 여행을 한다. 한두 달씩 전국 순회를 하는 학교도 있고, 백두산을 오르거나 상해 임시 정부를 찾아 아시아 여행을 하는 학교도 있다. 우다다학교는 용기와 자신감을 갖게 하기 위해 무인도 여행을 교과 과정으로 개발한 학교다. 이번 사건을 보면서 그간 비인가 대안 학교에서 아이들을 위해 헌신해 온 교사들은 스스로 자문을 하게 된다고 한다. 이런 위험 부담이 큰 일을 계속할 것인가?

진정 이 사고의 책임은 누구에게 있을까? 새로운 학습을 하려는 열망을 가진 아이일까? 그들을 '감히' 돌보기로 한 대안 학교 교사일까? 아이들을 잡아 두지 못한 제도권 학교일까? 아이들이 갈 만한 선택지를 만들어 주지 못한 국가와 시민 사회일까? 이 사건이 마침 대안 학교 시행령이 통과되어 대안 학습 공간에도 국민의 세금이 분배될 줄 알았던 기대감이 무너진 시점에 일어났기에 더욱 안타까운 질문을 던지게 된다. 이 나라에 미래를 만들어 갈 현재를 살아가는 십대를 위한 교육 정책이나 청소년 정책이 있기나 한 것일까? 21세기 아이들을 위한 교육인적자원2부가 만들어져야 할 때가 아닌가?

1999년 상가 건물에서 불이 나 중고생 수십 명이 사망한 '인천 호프 화재 사건'을 겪으면서 우리 사회는 새로운 청소년 정책을 수립했다. 십 년이 지난 지금, '부산 도시 속 작은 학교' 사건을 통해 우리 사회가 배워야 할 교훈이 분명 있을 것이다. 물살에 떠밀렸을 아이들의 모습에 겹쳐지는 것은 '온실'에 갇혀 있는 아이들의 모습이다. 삼가 고인의 명복을 빌며, 그대들의 죽음이 헛되지 않도록 살아남은 자들이 계속 노력할 것이다. ✝2007 동아일보

# 강의실
# 붕괴

중고등학교 교실이 엉망이라고들 한다. 체벌을 금지해서 그렇게 되었다는 이들도 있고, 열린 교육 탓이라는 이들도 있고, 한 자녀 시대를 탓하는 이들도 있다. 그러나 그런 '주범론'은 무의미하고, 남을 탓하느라 시간을 낭비하게 하기 때문에 위험하기조차 하다. 단순한 인과 관계로 풀 수 있는 문제였다면 왜 진작 풀리지 않았을까? 삼풍백화점이 무너지고 성수대교가 무너지고, 경제도 위태하고, 또 많은 가정이 해체되고 있는 마당에 학교라고 건재해야 한다는 법은 없지 않은가? 무너질 것은 빨리 무너지고 그 위에 새 것이 만들어져야 사회는 존속할 수 있다.

실상 대학도 예외는 아니다. '강의실 붕괴'가 소리 없이 일어나고 있다. 6,7년 전까지만 해도 강의실은 진지함으로 가득했다. 학생들이 하도 진지하고 훌륭해서 나는 강의실에서 있었던 논의를 정리해『탈식민지 시대 지식인의 글 읽기와 삶 읽기』<sup>또 하나의 문화, 1992</sup>라는 책을 펴내기도 했다. 그 당시에 강의 중에 소설이나 영화 이야기가 나오면 그것을 미처 보지 못한 학생들은 부끄러워하면서 그 다음 날로 그 책을 찾아보거나 영화를 빌려 보고 왔다. 그러나 요즘은 강의 도중에 모르는 이야기가 좀 많이 나온다 싶으면 분위기가 술렁인다. "그래 너 잘났어." 식의 왕따 분위기가 만들어진다. "난 그런 것 볼 시간도 없고, 볼 생각도 없어요. 괜히 나만 기죽이는 이야기는 하지도 말라고요…" 하는 말이 들리는 듯하다.

시대를 풀어 갈 해법을 이야기하면 그 전에는 눈을 반짝이며 함께 갈 자세들이었다. 그러나 요즘은 시큰둥하다. 동의하지 않거나 관심이 없는 눈치다. 나의 무능력 탓일까? 그렇다면 오히려 다행일 것이다. 나만 조기 은퇴하면 해결될 일이니까… 문제는 학생들끼리도 서로 시큰둥해한다는 것이다. 얼마 전까지만 해도 조 발표를 하면 학생들은 친구들이 찾아낸 것에 감탄하면서 열심히들 코멘트를 했다. 그러나 이제 학생들은 워낙 각양각색이어서 공통의 관심사를 찾기가 어렵다. 대형 강의일수록 따로 노는 분위기가 두드러진다. 왜 이런 현상이 일어나는 걸까?

이런 현상은 우선 그동안 삶의 변화가 너무 빨랐기 때문에 불가피하게 일어나는 현상이라고 생각한다. 삶의 현장이 너무나 빠른 속도로 분화되어 버려서 한 교실에 있는 학생들이라고 해도, 마치 한 지붕 아래 가족 성원들이 그렇게 되어 버렸듯이, 사실상 별로 많은 경험을 공유하고 있지 않다. 그래서 일방적으로 강의가 아니라 서로의 생각을 조율해 가는 것이 목표인 강의실은 급격하게 '붕괴'하고 있는 것이다.

학생들이 딴전을 피우게 된 또 다른 이유가 있다. 그것은 현실이 점점 더 각박해지고, 특히 '성장 신화'가 무너진 데서 오는 것이다. 이제 '똑똑한' 학생들은 "조금만 참아라, 곧 잘 될 것이다." 하는 말을 믿지 않는다. 일류 대학 졸업장이 평생 고용을 보장해 주는 것도 아니고, 대기업에 취직하는 것이 행복을 보장하는 것이 아님을 이들은 알아차려 버렸다. 그래서 한가한 소리를 들을 정신적, 시간적 여유가 없다. 대신 자신을 제대로 세일즈할 수 있는 '자격'을 갖추기 위해 토익 공부도 하고 인터넷에 들어가서 더 큰 세상과 줄을 대기도 하고, 다양한 경험을 쌓느라 바쁘다. 기존 조직에 들어가서 고스란히 써먹히고 퇴출당하거나 과로사를 하느니, 라면만 먹더라도 자기 삶의 주인으로 즐겁게 살아 볼 궁리를 하는 이들도 늘어나고 있다. 동그라미가 되어서 열심히 굴러가도 잘 살아갈 수 있을지 말지 하는 판국에 네모진 모습으로 죽치고 있으라는 교수의 말이 귀에 들어올 리가 없는 것이다. 지금 내 강의실에 있는 학생들은 멍청한 것이 아니라 실은 자구책을 찾느라고 분주한 것이다.

많은 것이 무너지고 있는 지금, 우리가 해야 할 일은 현실을 있는 그대로 인정하는 것이다. 문제를 직시하고 각자가 자기 현장에서 시대적 전환을 이루어 낼 작은 일을 시작해야 할 것 같다. 지금과 같은 혼란기에 만병통치약을 알아냈다고 하는 사람은 위험하다. 끊어진 의사소통의 끈을 다시 맺는 일, 타인의 말에 귀 기울이는 것, 그것이 시대가 요구하는 '버전 업'의 시작일 것이다. 붕괴하고 있는 강의실에 생기가 돌게 하려고 안간힘을 쓰는 나는 요즘 몸과 마음이 많이 아프다.

⚓ 1999 한국일보

학교를 살려 사회를 살린다

남북 공존,
삼보일배, 개청
위험 교실
위험 사회를 살아가는 론
관용의 시대
부산 '우다다학교' 무인도 답사 사건이 우리에게
열정 꺼지지 않는
단독 세r
수평의 자r
가정도 학교도 아니r
다양한 대안
학교를 살r
노동하는
집이 아니라
서로 소통하는
용산공원 '중립의 시r' 와
추석 속으로 떠r
배움 새로r
우리 다시
타자 상상하는 교r
'9거리 삶에 짓든' 그림r
네트워크 시대
삶의 기본기를
아이들을 맡기는
아이들을 행복하게

남북 공존,
삼보일배, 개청
위험 교실
위험 사회를 살아가는 론
관용의 시대
부산 '우다다학교' 무인도 답사 사건이 우리에게
열정 꺼지지 않는
단독 세r
소평의 자r
가정도 학교도 아니r
학교를 살r
노동하는
집이 아니라
서로 소통하는
용산공원 '중립의 시r' 와
추석 속으로 떠r
배움 새로r
우리 다시
타자 상상하는 교r
'9거리 삶에 짓든' 그림r
네트워크 시대
삶의 기본기를
아이들을 맡기는
아이들을 행복하게

남북 공존,
아시r
가정r

## 열정 꺼지지 않는 세상 만들기

여행을 다녀와 쌓여 있던 이메일을 읽다 울고 있는 나를 발견한다.

"안녕하셨어요? 간디학교 심이은아입니다. 어제 28일, 경상남도 교육청 앞에서 시위를 했습니다. 교육청 앞에서 문화 공연을 마치고 거리로 나가서 '학교를 살리자'는 전단지와 사탕을 시민들께 나눠 드렸는데, 저는 흘러나오는 눈물을 감출 수가 없었습니다. 왜 그렇게 눈물이 났을까요? 첫째는 교육청 정문을 통과하지도 못하고 차도에서 큰 소리로 학교를 살려 달라고 도교육감께 애원하는 우리 모습이 '억울해서' 울었습니다. 간디학교는 다수가 가는 길을 가지 않는다고 틀렸다는 판정을 받았습니다. 다수가 실천하는 것이 바로 진리라는, 진리 없는 세상에서 저는 매일 마음으로 울고 있습니다.

두 번째로 저는 그 자리에 있는 우리의 모습이 너무나 아름다워서 울었습니다. 자유롭게 외출 외박을 할 토요일에 아이들은 하나도 빠

짐없이 학교를 살리겠다고 나선 것입니다. 지금, 어느 대한민국 중고등학생이 학교를 위해 시위를 열고 길거리로 나설 것입니까? 사회 교과에서 배울 수 없었던 소중한 사회적 체험을 우리는 바로 그 자리에서 하고 있었습니다.

저는 이제껏 이토록 마음 깊은 곳에서 우러나오는 사랑을 해 본 적이 없습니다. 바로 학교가 나의 첫사랑이 된 것입니다. 그래서 이날은 바보같이 눈물을 정말 많이 흘렸습니다. 공교육을 받으며 힘겨워하는 모든 학생들을 위해 그리고 간디학교를 위해, 이 싸움에 함께해 주시리라 믿습니다."

나는 무기력과 수동성을 부추기는 혼돈의 시대에도 자신이 몸담은 공동체에 대한 열정과 사랑을 가진 은아 같은 아이들이 자라고 있음에 안도한다. 삶은 갈수록 각박해지고, 시대는 갈수록 열정적 삶을 사는 것을 어렵게 만들고 있다. 그러나 다행히 우리 주변에는 여전히 기적같이 놀라운 일을 해내는 이들이 있지 않은가! 간디학교 학생들이 그러하고, 한 장의 나체 사진으로 교육계만이 아니라 사회 전체에 신선한 바람을 불러일으키고 있는 김인규, 이애숙 교사 부부가 그렇다.

나는 직위 해제 당한 김인규 교사 사건을 상세하게 다룬 '문화 개혁을 위한 시민 연대'에 실린 문제의 사진을 보고 또 본다. 그것은 세 번째 아이를 임신하고는 낳을 것인지 말 것인지를 고민하던 와중에 찍었다는 사진이다. 원치 않는 임신이었지만 고심 끝에 아이를 낳기로 결심하면서 예술이라는 것은 "삶 위에 왕관을 씌우는 것이 아니라 일상적 삶과 직면하는 것"이라는 깨달음을 갖게 되었다는 김인규 선생, 그리고 뱃속에 있는 아이가 사진의 주인공인데 성기를 드러낸 것만 보고 난리인 사람들을 이해하지 못하는, 역시 전교조 해직 교사 출신인 이애숙 선생. 이 두 놀라운 사람이 작은 경대 앞에서 찍은 나체 사진은 아무리 봐도 대단하다. 이 사진은 바로 성과 사랑, 임신과 출산을 생각하게 하며, 그래서 성교육 교과서에 실리기에 가장 적절하지 않은가?

며칠 전 타이페이에서 있었던 게이·레즈비언 모금 공연에서는 노동자들이 찬조 출연하여 '풀몬티'를 하였고, 중학교 남자 교사가 치마 무용복을 입고 남자도 여성적인 아름다움을 드러낼 수 있음을 보여 주어 관중을 열광케 했다. 이들을 초청해서 멋진 모금 파티를 열고 싶다는 생각을 해 본다. 간디학교 교사와 학생들이 '거리'를 산 교육의 장으로 활용하는 대안 교육 커리큘럼을 개발해 낼 프로젝트 지원 비용과, 김인규 교사 부부가 성교육용 사진을 포함한 대안적 미술 교육 교재를 만들어 낼 작업장을 마련하기 위한 모금 파티. 전국에서 한때 열정을 가지고 살았던 이들이 몰려들어 물론 많은 돈을 모았지만, 그보다도 파티에 온 이들이 그날 새로운 기를 받아 죽어 가던 학교를 되살리고, 식어 가던 열정을 다시 불태우며 살게 되었다는 이야기. 아, 이 아침의 즐거운 상상!

그런데 참, 이 아름다운 분들에게 고통을 주어 내공이 깊어지게 한 교육감이나 일부 학부모들에게는 상을 주어야 하나, 벌을 주어야 하나? ♂2001 한겨레신문

# 하고 싶은걸
# 왜
# 참나요

"마누라만 빼고 다 바꾸자."던 구호는 오래전에 무색해지고 말았다. 개발 독재 후유증으로 무기력하게 처져 있는 거대한 공화국. 그 공화국을 받치고 있는 거대한 제도권 학교. 그 속에서 아이들은 서서히 회색 인간이 돼 가고 있다.

"딴 짓 하면 손해 본다." "대학 갈 때까지만 참아라." "욕망을 억제하고 감수성을 죽여라." 일류 대학에 간 아이들은 이런 원리를 누구보다도 잘 내면화한 아이들이다. 이들은 보호색으로 자신을 감추는 데 탁월한 재능을 발휘하다가 그만 암울한 회색으로 변해 가고 있다.

여기에 선명한 빛깔을 가진 아이들이 있나. "아무것도 안 하자!"는 아우성이 일고 있는 이 사회에 난데없이 "하자!"고 말하는 아이들이 생겨나고 있다. "하고 싶은 사람끼리 하자." "하고 싶을 때 하자." 영등포 한구석에 둥지를 틀고 있는 이 청소년 직업체험센터인 하자센터는 이제 겨우 일 년밖에 되지 않았지만 아시아에서도 많은 이들이 방문하고 감탄을 한다.

그들이 이곳에 와서 보고 가는 것은 무엇일까. 하자센터의 한구석에서는 네 명의 아이들이 '코코 봉고'라는 스낵바를 차려서 요리하고 설거지하고 장부를 정리하고 결산을 맞추어 가면서 삶을 배운다.

107호에서는 열심히 책을 읽으며 시대의 언어를 만들어 가는 인문학 교실이 있고, 105호 온라인 명함 회사 아이들은 자기가 디자인한 명함을 갖고 평소 만나고 싶었던 사람들을 만나러 간다.

3층 대중음악 작업장은 세계의 청소년 인터넷 방송을 벤치마킹하면서 왜 자기 프로가 인기가 없는지를 조사하는 십대 디제이와 엔지니어들, 일주년 행사를 위해 노래를 짓거나 시디를 굽거나 그 작업 과정을 영상화해 웹에 띄우는 아이들로 복작댄다.

아직 하고 싶은 것을 찾지 못한 아이들은 난간이나 쉬자방에서 마냥 쉬기만 한다. 쉬다가 몸이 근질거리면 작업을 시작할 것이다. 하자의 시간은 아주 느리게 흐른다. 그런데 보면 어느새 놀라운 것들이 생산돼 있다. 이들은 대학 졸업장이나 자격증이 미래를 보장해 주는 시대가 아니라는 사실을 잘 알고 있다.

이 아이들은 '학교를 이탈하면 죽는다'는 어른들의 강박증이 안타까울 뿐이다. 배움의 기쁨과 더불어 사는 즐거움을 포기해야 한다면, 욕망이 없는 기계 인간이 돼야 한다면 어떻게 이 카오스의 시대를 살아갈 수 있겠느냐고 오히려 반문한다. 이들에게 가장 두려운 것은 '학교화'의 결과로 얻게 될 무기력증이다.

이들이 학교 제도 자체를 부정하는 것은 아니다. 자신들이 원하는 학교를 하자센터에서 만들어 가기도 하고, 또 제도권 학교에 다시 가기도 한다. 학교가 유치해 더는 다닐 수가 없다던 중학교 중퇴생 정아는 일 년을 잘 쉰 뒤 올해 예술 고등학교에 입학했고, 입시 교육이 자신의 감수성을 죽일 뿐이라던 민희는 '일류대'에 특차로 가볍게 들어갔다.

적극적 학습의 방식을 터득한 이들에게 학교는 '버티는 곳'이 아니라 '관찰과 적극적 개입'의 공간이 될 것이다. 대량 생산 체제의 규율에 길들여지지 않으려는 아이들이 이제 새 공간을 마련해 가고 있다. 제각각 따로 가는 것 같은데 어느새 인천의 친구들, 일본의 친구들과 손을 잡는 아이들. '원탁 토론의 정치'에 익숙해진 자율의 아이들은 '아래로부터의 민주주의', '아래로부터의 세계화'를 착실하게 실현해 가고 있다.

① 하고 싶은 일 하면서 해야 하는 일도 할 거다. ② 나이 차별, 성 차별, 학력 차별, 지역 차별 안 한다. ③ 어떤 종류의 폭력도 행사하지 않을 거다. ④ 내 뒤치다꺼리는 내가 할 거다! ⑤ 정보 때문에 치사해지지 않을 거다. 정보와 자원은 공유한다. ⑥ 입장 바꿔 생각할 거다. ⑦ 약속은 지킬 거다. 못 지킬 약속은 안 할 거다. 이 일곱 가지 약속을 지키면서 말이다.

전환기에는 '먼저 된 자'가 나중 되고 '나중 된 자'가 먼저 된다. 나비의 작은 팔락거림이 태풍을 일으킨다는 '나비 효과'의 비밀을 나는 알고 있다. ♪2000 중앙일보

# 다음 세대를
# 위한
# 학습 시공간

　　　　　　　　스스로 업그레이드를 하지 않으면 안 되는 시대에 우리는 살고 있다. 그 작업은 단지 십대만이 아니라 오십대들에게도 해당되는 일일 것이다. 정보량이 몇 년 안에 두 배씩 늘어나는 급변하는 시대의 학습은 그렇지 않은 시대와 다를 수밖에 없다. 좀 더 부지런해져야 하는 것이 아니라 질적으로 다른 학습의 방식이 필요한 것이다.

　모든 국민이 알아야 할 교육의 내용이 정해져 있던 '계몽주의' 시대의 교육은 간단명료했다. 조금 먼저 안 사람이 나중 사람에게 친절하게 가르치면 되었다. 그것이 바로 대량 생산 학교 체제였다. 거대한 교사 양성소와 거대한 학생 양성소로 충분했다.

　그러나 조금 먼저 안 사람의 지식이 금방 적절성을 잃어버리는 급변하는 시대의 교육은 그 전 시대와는 아주 다를 수밖에 없다. 그것은 단순한 모방 학습의 형태가 아니라 개개인의 동기 유발 차원에서 이루어지는 학습일 것이다.

요즘 어른들은 아이들을 보면서 자기가 원하는 것이 무엇인지 모르는 무기력하고 나약한 존재라고 말한다. 너무 부족한 것이 없이 자라서 그렇다고 한다. 정말 그 말이 맞을까? 그들이 부모보다는 경제적인 부를 누린 세대임은 분명하다. 그러나 좀 덜 부족한 경제 상황에서 살았다고 해서 다른 것도 덜 부족했을 것이라고 생각하는 것은 무리가 있다. 그것은 물질주의자들이나 할 생각이다.

사실상 지금 십대나 대학생들을 보면 다른 부족한 것이 아주 많은 삶을 살았음을 알게 된다. 그러나 기성세대는 그 다른 부족한 것에 대해서는 생각지 못한다. 자기가 하고 싶은 것이 많았는데 경제 사정으로 좌절한 경험이 많은 부모일수록 그 점을 이해하지 못한다. 자기 경험과 그 세대의 '안경'에 갇혀서 아이들의 상태를 보지 못하는 것이다. 부모 세대에게 '살고픈 의지'는 결핍을 메우려는 자연스러운 과정에서 생기는 것이었다. 친구들이 유학을 가는데 자신이 못 가면 유학 가기 위해 열심히 살았고, 집 없는 서러움의 기억은 집을 사기 위한 강한 동기를 심어 주었다. 부모 세대의 삶은 대부분 돈이 없어서 힘든 것이었다. 그래서 그들은 자녀들에게 힘닿는 데까지 밀어줄 테니 열심히 공부만 하라고 말한다.

하지만 아이들은 전혀 고마워하지 않는다. 그리고 자신의 상태에 대해 감을 잡지 못하고 있는 무감각한 부모가 바보 같고 원망스럽다. 사실상 부모 세대는 경제적 부족으로 좌절을 경험했지만, 실은 크고 작은 어려움을 극복해 가는 경험을 통해 자신감을 길렀고 삶에 대한 애착도 키웠다. 그 과정에서 자신의 자유 의지를 느낄 수 있었으며 자신감도 가질 수 있었다. 때로는 사회적 저항 운동을 하면서 자신의 삶과 공동체의 삶을 향상시키려는 치열한 경험도 했다. 부모 세대는 삶을 살아가는 데 필요한 적절한 실패와 성취의 경험을 하면서 조금씩 나아지는, 진보하는 삶을 살았던 것이다.

그러나 그들의 자녀들은 어떻게 살아왔는가? 이미 집이 있었고, 자기 방이 있었고, 부모의 취미가 있었고, 부모의 꿈이 있었다. 경제 성장기를 잘 살아 낸 중산층 부모는 가족계획을 해서 낳은 한두 명의 아이를 어떻게 기를지 계획을 세웠고, 그 계획에 따라 아이를 길렀다. 아이들은 행복했지만, 어느 날 문득 자신이 누구인지 묻게 된다. 자기 정체성을 세우고 싶어지는 사춘기가 되면서 아이들은 방황한다. 사회 운동을 열심히 한 진보적 부모는 아이들의 '반항'마저도 다 잘 '이해'한다고 한다.

아이는 갑자기 어느 것 하나 자기 마음대로 해낼 수 없는 상황에서 살아왔음을 알게 된다. 그래서 자기 마음대로 무엇인가를 해 보려 하는데 상황은 그렇게 좋지 않다. 공부 외에는 어떤 것에도 몰두해서는 안 되는 상황만이 그 앞에 있는 것이다. 부모는 유학 교육 보험까지 들어 두고 열심히 공부하라고 한다. 그런데 아이는 그런 이야기를 들으면 사는 것이 더 힘들게 느껴진다. 자신이 그런 것을 해낼 수 있을까? 갑자기 어느 것 하나 스스로 해내 본 적이 없는 자신을 보게 된다. 자신이 그것을 원하고 있는가?

설혹 부모가 원하는 대로 열심히 공부해서 일류대에 들어갔다고 치자. 그랬다고 취직이 잘되는 것도 아니고 취직해서 행복할 것 같지도 않다. 경제는 점점 더 나빠지고 있다고 하고, 세상은 테러 사건 등으로 더욱 불안해지고 있다. 경제적으로 어려운 가정에서 자란 경우 이 문제는 오히려 덜 심각하다. 자기 부모보다 더 잘살 수 있게 되기가 어렵지는 않을 것이며, 결핍으로 인해 생긴 동기 부여가 여전히 작용하기 때문에. 그러나 부모가 성공한 경우일수록 아이의 불안은 커진다.

   게다가 세상은 하루가 멀다고 바뀌고 있다. 지금 가장 좋다고 말하는 의사 직업이 20년 후에도 가장 좋은 직업일까? 어쩌면 가장 좋다는 직업은 아직 우리 눈에 드러나지 않은 어떤 새로운 것일지 모른다. 아직 정확한 이름을 붙이기 어려운 직종일 수 있다.

   그래서 아이들은 섣불리 자기가 원하는 것을 말하지 않고, 또 정하지 않는지도 모른다. 아이들은 지금 자기가 갈 길을 찾고 있는 것이다. 이런 시대의 학습은 그런 길 찾기를 도와주는 것이어야 한다. '자기 길 찾기'를 돕는 학교, '자기 주도적'이 되는 것을 돕는 교육이 필요하다는 말이다.

   이런 시대 상황을 일찍이 알아차린 부모들이 없지 않다. 그래서 대안을 찾지만 국내에서는 찾지 못한다. 그래서 교육 이민 시대가 열리고 있다. 서양만이 아니라 이제는 인도, 태국, 중국으로까지 유학을 보낸다. '한국식 자녀'이기를 더는 기대할 수 없을 테지만 적어도 스스로 삶을 살 자세는 가질 것이고, 글로벌 시대에 맞는 사고방식을 하게 될 것이라는 생각이다. 사실상 우리 사회에 획기적인 교육 공간이 생기지 않는 한 그 선택은 괜찮은 선택일 것이다.

한국의 일류대 졸업장이 인생의 주요한 자원이 될 수 없다는 것을 알게 된 다수의 중산층 부모들은 지금 한국을 떠날 차비들을 하고 있다. 인력난은 점점 더 심각해지고 있고, 사회 불안과 불만은 가중될 전망이다.

내가 관여하고 있는 하자작업장학교는 이민을 가지 않고 이 땅에 살고 싶은 이들이 시도하는 시대적 교육 실험이다. 지금 한국 사회가 무기력한 십대를 양산하는 곳임은 사실이다. 능숙한 원격 조정 능력을 가진 고학력 어머니들과, 적절한 개혁의 기회를 번번이 놓쳐 버려 이제 회생의 기미를 보기 힘든 기성 교육 체제는 "난 정말, 아무것도 모르겠어요." 하고 중얼거리는 많은 아이들을 양산해 내고 있다. 그러나 나는 이들이 실은 '아무것도 모르는 것'이 아니라는 것을 안다. 사실상 지금 아이들은 너무 많이 알고 있기에, 너무 많이 알아 버렸기에 힘들어한다.

하자센터에서 만들려는 공동체의 첫 번째 약속은 "하고 싶은 것 하면서 하기 싫은 것도 한다."이다. 그리고 하자센터 스태프들이 실천하려는 이념은 "십대는 문제가 아니라 사회적 자원이다."라는 것이다. 하자센터만이 아니라 세계 여러 곳에서 일고 있는 새로운 학습의 움직임은 기본적으로 같은 원칙을 갖고 있다.

과도기는 꿈꾸는 사람들의 시대다. 꿈을 실행 기획으로 만들어 가는 사람들이 많아져야 한다. 나는 너무 늦기 전에 자유로운 분위기가 주는 학습 효과를 누구보다 잘 아는 사람들, '혜택 받은' 이들이 각자의 자리에서 무엇인가를 시작해야 한다고 생각한다. 기존 조직은 창조적 에너지의 고갈로 급격하게 낙후되어 가고 있다.

이제 새 에너지를 낼 수 있는 이들이 가볍게 '경계 넘기'를 하면서 서울에서, 아시아에서, 그리고 온라인상에서 다양한 새 프로젝트를 시작해야 한다. 이를 위해 지금 당신의 골치를 썩이는 십대 자녀는 아마도 아주 좋은 동료이자 선생이 되어 줄 수 있을 것이다. 평생 학습 시대가 열리고 있지 않은가? ♂2002

# 온라인
# 게임 산업과
# 교육 개혁

2004년 일이다. 인터넷 관련 학회 참석차 타이베이에 갔을 때 대만대학에 다니는 한 청년을 만난 적이 있다. 그는 고등학교에 다니는 동생과 함께 하루에 두어 시간씩 리니지를 한다고 했다. '노는 꼴을 못 봐 주는' 아시아의 기성세대에게는 반감을, 그런 '어려운 감시 상황'에서도 꿋꿋하게 '자율 공간'을 만들어 가는 아시아 게이머들에게는 대단한 경외감을 드러내던 그는 좀 새로운 자아 이미지를 아시아를 중심으로 만들어 가고 있었다.

  새로운 시대가 오고 있다. 지금까지 익히 알고 있던 많은 것들은 불편한 것이 되고, 부당한 것이 되고, 또 '후진 것'이 되고 있다. 기존 경계를 넘나들면서 새로운 시공간을 열고 있는 이들이 늘고 있고, 그들이 새롭게 형성해 가는 시대를 학자들은 '후기 근대', '탈근대'라는 이름으로 부르고 있다. 그리고 그들은 후기 근대를 잘 살아 내기 위해 근대에 형성된 '낯익은 것'을 '낯설게' 바라보고, 낯선 것들을 낯익혀 가는 태도가 필요하다고 말한다.

남미 인디언들을 연구한 인류학자 레비스트로스는 1960년대에 이미 합리와 문명의 시대라 자부하는 근대가 실은 가장 야만의 시대임을 부족민들의 삶을 통해 보여 준 바 있다. 인류 역사는 진보하는가? 부모 세대의 사람들은 다 그리 믿고 있지만 지금 이삼십대 중에 세상이 앞으로 더 좋아질 것이라고 믿는 사람들은 별로 없다. 울리히 벡은 이러한 상황을 '위험 사회'라는 단어로 표현했는데, 이는 위험이 가득한 사회라는 뜻이 아니라, '무모한' 시도들이 난무한다는 뜻이다. 쉽게 말하면 '하면 된다'는 시대가 아니라, '하면 더 망치는 시대'라는 말이다.

그러면 아무것도 하지 말아야 하는가? 벡은 적어도 기존의 방식으로 하던 일을 멈추고 새롭게 사유하는 법을 배워야 한다고 말한다. '성찰성'이라는 이 시대의 핵심어는 바로 이런 맥락에서 나온 것이다. 문제를 풀려고 아등바등할수록 더욱 문제가 심각하게 꼬이는 사회, 사실, 이럴 때는 뭔가 하려는 사람보다 남을 해치지 않고 노는 사람이 더 훌륭한 주민이 된다. 많은 이들이 다시 신화를 읽고 판타지 소설에 탐닉하는 것도 모두 이런 '비약'을 요구하는 전환기적 시대 흐름과 맥을 같이 한다.

이제 '근대'를 넘어서는 길목에서 사람들의 몸과 마음은 아주 많이 변해야 한다. 그리고 다음 세대의 교육도 비약적으로 달라져야 한다. 자동화와 인공 지능과 경쟁해야 하는 세대, 급변하는 사회 속에서 평생 학습을 해낼 자기 주도적인 세대, 그리고 글로벌 시대를 살아갈 새로운 시민 세대가 길러져야 하는 것이다. 최근, 여기저기서 성찰적 시민들에 의해 그런 아이들을 기르는 '작은 학교들'이 생기고 있는 것은 다행한 일이다.

그런 학교에는 아직 예전 동족 마을 생활을 기억하는 교사가 있어서 아이들을 자기 고향 숲속으로 데려가 마을 부락제를 보여 주기도 하고, 허물어져 가는 귀신 집에 데려가기도 한다. 밤길 산책을 하다가 소 뒷다리에 차여서 결국 그 후유증으로 죽게 된 동네 부자 일꾼 할아버지 이야기도 듣고 씨름꾼 집 자녀들이 도시에 가서 어떻게 되었는지도 듣게 된다. '걸어서 바다까지' 함께 가면서 자기 페이스가 어떤지 찾아내기도 하고, 복잡한 인간관계를 조율해 가는 것도 배운다. 신나는 축제가 시시때때로 열리고 졸업식은 한없이 슬픈 이별의 시간이다. 명실공히 후기 근대적 '상상과 소통'이 일어나는, '일과 놀이와 학습'이 함께 어우러지는 학교들이 생기고 있는 것이다.

내가 이 작은 학교들이 시대를 바꾸어 낼 것이라고 믿는 것은 바로 지금 시대가 정보 사회이기 때문이다. 기존의 오프라인 시공간이 기득권층에 의해 독점되어 버렸다 해도, 광활한 온라인 세상이 열려 있고, 아이들은 이곳에서 아주 풍성한 경험을 할 수 있다. 그 안에서 정보를 찾아내고 새로운 질문을 던지고, 함께 작업할 동료를 구할 수 있다. 그 안에서 자신의 영웅을 만나기도 하고 멘토도 만난다. 물론 필요한 어학과 수학 개별 학습을 하고, 자신이 경험해 온 작업을 아카이브로 만들어 자신의 성적표를 스스로 만들기도 한다. 때로 이웃 나라의 자매 학교 졸업식을 비디오 콘퍼런스로 보면서 함께 축하를 하기도 한다. 그 학교 교사들은 온라인을 통해 각자 개발한 교과 과정을 나누면서 새로운 시대의 학교 교과 과정을 체계화해 간다.

내가 거대한 '폐인군'을 만든다고 사회적 비난을 받고 있는 게임 회사들을 옹호하는 이유는 바로 그 회사들이 후기 근대적 학교의 교재를 만들어 내는 데 중대한 역할을 할 것이라 보기 때문이다. 아이들이 지금 전쟁 시뮬레이션 게임만 하는 것 아니냐고 사회적 비난의 소리가 높지만, 나는 그것을 과정으로 생각한다. 조만간 국어 시간에 아이들은 해리 포터의 기숙사에 살면서 판타지 소설을 공동으로 써 보기도 하고, 미야자키 하야오가 만든 애니메이션을 보면서 가족 사회학 수업을 하게 되지 않을까? 그리고 자기가 원하는 학교를 게임을 통해 만들어 내면서 새 학교 만들기를 적극적으로 해낼 수 있게 되지 않을까? 기존 교사들의 상상력의 한계를 느낄수록 나는 멀티미디어 작업의 첨단을 열어 가는 게임 산업에 은근히 기대를 걸게 된다.

올해 우리나라에 문화 기술 대학원이 생긴다는 소식도 들린다. 그 대학의 핵심 연구 분야는 온라인 게임과 디지털 비디오 분야가 될 것이라고 한다. 대인 공포증에 걸려 가는 아이들이 시뮬레이션 학습 교재를 통해 광활한 사냥터와 채집터를 누비면서 '위험 사회'를 살아낼 모험과 용기, 그리고 타인에 대한 배려와 돌봄의 즐거움을 배워 가게 될 날을 상상해 본다. 만일 좋은 교육적 콘텐츠가 디지털 비디오를 통해 손쉽게 공유되고 유통될 수 있다면 분명 작은 학교들은 일시에 우후죽순처럼 생겨날 것이다.

　다양한 작은 학교들이 우후죽순처럼 생기고 그 네트워크로 인해 거대한 한국의 제도 교육이 서서히 붕괴해 가는 거대 서사, 그 주제를 다룬 온라인 게임을 만들 사람은 없을까? 그 게임이 바로 내가 중독이 되어서 할 첫 번째 온라인 게임이 아닐까 싶다! ♂2005 엔씨소프트

# 다시 '민주'의 이름으로

2000년에 일본 도쿄에서 세계 민주 교육 회의[IDEC]가 열렸었다. 1980년대 '민주화' 물결이 한바탕 지나간 이후 이 단어는 어쩐지 입에 올리기 어색한 단어가 되어 버렸지만, '민주적인' 아이를 기르는 꿈을 실현해 가는 사람들을 만나게 된다는 생각에 마냥 가슴이 뛰는 여행길이었다.

회의장에 도착하니 예상대로 참가자들의 모습은 다양한 화려함 그 자체였고, 회의를 주최한 도쿄 슈레 아이들은 잔뜩 긴장해서 땀을 뻘뻘 흘리며 뛰어다니고 있었다. 나와 동행한, 여행 경비를 아르바이트와 경비 마련 기획 파티로 자체 마련한 서울시 청소년직업체험센터의 십대들도 흥분하기는 마찬가지였다. 영국의 서머힐 학교, 동유럽 몰락 이후에 생긴 폴란드의 자유 학교, 거리 아이들을 위한 인도의 비인가 야학, 급격한 경제 성장 후 과잉 국민 교육의 후유증을 앓고 있는 일본의 부등교생을 위한 학교, 그리고 이스라엘의 희망의 꽃 학교 등 세계 20여 개국에서 교사, 학생 그리고 부모들이 모여들었다.

마하트마 간디의 손자 아룬 간디의 개막 강연으로 시작한 회의는 실은 마냥 신나게 진행된 것은 아니었다. 처음 사흘은 동경 시내의 대규모 청소년 센터에서 진행되었는데, 워크숍의 참여자 절대 다수가 일본 국내 일반 참여자들이어서 기대했던 토론을 해 보지도 못하고 일방적으로 학교 소개만 여러 차례 하게 되니 좀 짜증이 났다. 외국에서 온 다른 참가자들 사이에서도 원성이 일기 시작했다. 한 미국인 참가자는 "우린 서로 의견을 교환하러 왔는데, 전시물이냐 뭐냐… 민주 교육을 한다면서 일본서는 이렇게 권위주의적이어도 되나? 작년 영국 회의에서는 사실 아무런 사전 준비 없이 훌륭하게만 해냈는데 여긴 과잉 준비로 우리를 관리하려 든다."는 말을 노골적으로 했다.

사실상 자율적인 훈련이 된 사람들에게 도쿄 슈레 팀이 짠 빡빡한 일정은 만족스럽지 못한 것이었고, 일본 문화 전반에 깃든 정리 정돈에 대한 강조는 상당한 구속감을 안겨 주었다. 특히 서구인들은 작은 민간 학교가 큰 규모의 회의를 조직하기 위해 얼마나 많은 준비를 해야 하는지, 이런 유의 회의를 일상적으로 조직해 본 서구의 아이들과 달리 일본 아이들이 이 일을 맡게 되어 얼마나 긴장하고 있는지를 잘 모른다.

사실 도쿄 슈레 아이들은 일 년 내내 이 회의를 준비했고, 바로 이 회의 준비 자체가 그들의 교육 과정이었다. 비슷한 획일적인 국민주의 국가에서 살아온 나는 동류의식을 가지고 서구에서 온 참가자들에게 그렇게 자기 문화 중심적으로 판단하지 말라고 중재를 했지만 타 문화에 대한 이해는 하루아침에 될 일은 아닐 것이다. 게다가 통역 문제까지 겹치면 오해의 여지가 더욱 높아질 수밖에 없다. 우리는 마지막 이틀을 서로의 경험을 좀 더 깊이 있게 나눌 수 있는 효과적 방안을 찾아보려고 고심했지만 흡족한 합의점을 찾지는 못했다.

어른들이 합의점을 찾지 못해 고민하고 있는 동안 아이들은 벌써 소통의 세계를 만들고 있었다. 회의에는 관심이 없고 아이만 보면 눈을 반짝이는 미국의 테스타 교장과, 철학자이자 수학자라는, 이스라엘 키부츠의 학교 교장 라하브 씨는 서울서 온 아이들의 에너지에 반했다며 당장 교환 학생 제도를 마련하자고 했다. 비행기 표와 생활비만 있으면 서로 보살펴 주기로 협약을 한 민주 학교들 사이에는 이미 활발한 교류의 길이 트여 있었다.

땀 흘리며 국제회의를 조직하고 다양한 민주적 삶을 경험하면서 변화하는 세상과 삶에 대해 배워 가는 아이와 교실에 틀어박혀 하루 열 시간 책과 씨름하는 아이들 사이의 거리는 이렇게 해서 자꾸만 멀어지고 있다. 온 국민이 똑같은 교육을 받는 국가 공인 교육의 시대는 이렇게 끝나가고 있는 것일까? 슬픈 일일까? 불안해할 일일까? 어쨌든 새로운 세상이 만들어지고 있는 것은 사실이다. 그리고 그 세상을 만드는 것에 우리의 아이들도 참여하기 시작한 것은 참으로 다행한 일이다. 이 아이들이 무겁게 가라앉은 한국 교육계를 끌어올릴 도르래 역할을 해 줄 수는 없을까? 다음 IDEC 회의는 팔레스타인과 이스라엘

민주 학교들이 공동 주관할 예정이라고 한다. 국가 간의 갈등을 넘어서는 공존의 교육이 대회 주제가 될 것이라는데, 그 말을 듣고 나는 우리 남북 아이들이 IDEC를 공동 주최할 날을 상상해 본다. ♂2000 한국일보

# 수련의 자리, 구경꾼의 자리

중간고사 기간에 서울 근교 콘도에 갔었다. 전화도 팩스도 이메일도 연결하지 않은 곳에서 글을 쓸 작정이었다. 그런데 콘도는 생각보다 조용하지 않았다. 아침부터 바깥은 군기 잡는 소리로 시끌벅적했다. 애국가 합창 소리가 반복적으로 들렸다. 소리가 작다고 다시 부르라고 하는 모양이다. 구호 소리도 들렸다. 이쯤 되면 인류학자는 가만히 있지 못한다.

'○○중학교 심성 수련회 환영 – XX청소년수련원'이라는 현수막 아래 아이들 짐이 널려 있고, 배낭을 등지고 아이들은 두 편으로 갈려 앉아 있었다. 담임교사가 짐을 검사하는 동안 교관은 여전히 아이들에게 '기합'을 주고 있었다. 소지품 검사가 끝나자 교관이 훈시를 시작하였다.

"앞으로 50개가량 주의 사항을 전하겠습니다. / 다 듣고 나면 반 별로 한 명씩 시켜 볼 것인데 대답을 못하면 그 반은 단체 기합을 받을 것이고 / (갑자기 목청을 높여) 야! 너 바로 못 앉아? / 주목! (이 말에 아이들은 반사적으로 '주목!' 하면서 복창한다.) / 첫째, 대표에게 키를 줄 텐데 키를 잃어버리면 4만 7천 원 / 부러뜨리면 1만 2천 원. 조원들이 모아서 보상해야 합니다 / … / 야! 니네 둘이 사귀냐? 코딱지 같은 게… / 두번째, 가방 검사를 하니까 돈도 많고, 워크맨, MP3 같은 것도 있든데 / 귀중품은 잃어 버려도 책임지지 않습니다… / 셋째, 출입구는 가운데 문으로만 들어갑니다. / 저기 하얀 차 있는 계단으로 가서는 절대 안 됩니다. / 그곳으로 가면 그냥 매달아 놀 거야. / 넷째, 베개 싸움 하면 절대로 안 됩니다. 알았습니까? / 다섯째, 밤에 여자 방, 남자 방 들락거리면 안 됩니다. / 합방은 절대 금지. / 들키면 밖에서 밤새 뛰게 할 거야… / 야! 너, 뒤돌아보는 너 말이야. 주목 못해? / 주목! (주목! 아이들 복창) / 여섯째… / 야! 너 코딱지! 뭐하는 거냐? 이걸 그냥. / 주목! (주목!)… / 4시 15분까지 체육복 갈아입고 여기 집합합니다. / 뭐 싫다고? / 그러면 시간을 팍 더 줄여 버릴 거야!" 3~5분 사이로 존댓말과 반말, 그리고 고함소리가 절묘하게 섞인 연설이다.

 상식적으로 생각하면 이런 야외 활동은 상상력이 풍부하고 기획력이 있는 교사들이 아이들과 함께 기획하고 진행해야 하는 것 아닌가. 교사와 아이들이 함께 들판을 뛰어다니며 교실에서 하지 못한 이야기를 나누고 서로의 다른 모습을 보면서 친해지는 기회가 되어야 하는 것 아닌가. 우연히 관찰하게 된 '수련 활동'을 통해 나는 청소년은 학교에 있으나 학교 밖에 있으나 통제와 관리의 대상임을 다시 한번 확인했다. 하나밖에 없는 자녀라 버릇없이 자랐으니 군대식 훈련이 필요하다는 이들도 있다. 그러나 정말 이런 훈련으로 버릇이 고쳐진다고 생각하는가?

낮 시간의 강압적 훈련이 끝나면 밤에는 어김없이 연예인 흉내 내기 장기 자랑이 벌어진다. 강압적 훈련과 연예인 행사의 거리는 가깝다. 둘 다 권위주의 사회에 맞는 인간을 재생산해 내기 때문이다.

5월로 접어들면 온갖 단체에서 연예인들을 초대한 '청소년 축제'를 벌일 것이다. 청소년의 달에 청소년들은 수동적인 구경꾼의 자리에서 환호하기를 강요당할 것이며, 이런 것이 싫은 청소년들은 점점 더 어른들이 하는 일에 대해 냉소적이 될 것이다.

최근 내려진 '과외 금지 위헌 결정'에 따라 교육계가 또 술렁인다. 그러나 사실 이 결정으로 현재의 교육 상황이 크게 달라지지는 않을 것이다. 고액 과외를 금지하는 것도 의미 없는 일이다. 통제와 단속과 동원으로 일을 해결하는 시대는 갔다. 이제는 자체 내 기획력을 가져야 하는 시대다. 2002년에 특기 적성 중심 대입제도가 시행된다고들 하지만 학부모나 학생들은 교육부나 학교를 믿을 수가 없다. 수련 활동 하나 제대로 기획하지 못하고 멋진 교내 축제 하나 기획하지 못하는 학교가 어떻게 특기 적성 교육을 시킬 수 있단 말인가. '공부'하는 시간을 대폭 줄여 청소년들 스스로가 삶을 기획하는 시간을 갖게 하는 것과 기획력 있는 교사들에게 힘을 실어 주는 것, 이 두 가지가 지금 시점에서 교육부가 시급히 해내야 할 핵심 사안이다. ♂2000 한국일보

# 가정과
# 학교와 일터의
# 벽 허물기

급격한 전환기를 맞아 정부에서는 많은 훌륭한 제도들을 마련하고 있다. 그러나 실행 기획이 미비해서 기대한 성과를 내기보다는 부작용이 큰 경우가 적지 않다. 교육인적자원부가 2001년부터 추진하는 '자율 방학 제도'가 그 한 예가 될 것이다.

자율 방학 제도는 학교장이 여름과 겨울 방학 외에 따로 방학을 정할 권한을 갖게 하는 제도다. 전국의 학생들이 똑같이 움직이는 틀을 깨고, 개별 학교와 학부모가 자율권을 가지고 좀 더 유연하고 민주적으로 교육 과정을 운용하라는 취지 아래 만들어진 것이다. 특히 시대가 요구하는 체험 교육을 부모와 지역 사회, 그리고 학생 당사자의 관심과 스케줄에 맞추어 실행할 수 있도록 제도적 유연성을 더하려는 목적을 갖고 있다.

그러나 막상 실행에 들어간 경우를 보면 획일성과 경직성을 깨지 못하고 있음을 보게 된다. 4월 30일을 '가정의 날'로 정해 휴업을 한다는 통지는 맞벌이 부부만이 아니라 갑자기 아이의 방학 날을 위해 휴가를 내라는 아내의 요구를 충족시킬 수 없는 남편들에게도 곤혹스러운 일일 것이다. 교육부 관계자는 이런 부작용을 놓고 내년부터는 학부모 의견을 들어 일정을 정하고 부모와 시간을 보낼 수 없는 어린이들을 위한 프로그램을 따로 마련하겠다고 하지만, 이런 식의 보완책을 내는 발상 자체에서 나는 실행 당국이 제대로 자율 방학 제도의 취지를 파악하지 못하고 있음을 본다.

자율 방학 제도의 핵심은 유연성일 것이다. 일방적으로 휴업일을 정하고 부모로 하여금 자녀를 위한 개별 프로그램을 마련하라는 발상은 그렇지 않아도 높은 노동 강도에 시달리는 부모나, 시간이 있어도 미처 준비되지 않은 비취업 어머니들에게 또 다른 짐을 안겨 줄 뿐이다. 다양한 삶의 체험을 하는 것이 교실 수업 못지않게 유익한 '공부'라는 것을 교육부가 인정하게 되었다면, 학교가 일차적으로 해야 할 것은 출결 개념을 바꾸는 일일 것이다. 이른바 선진국에서는 여행을 어떤 교육보다 중요한 공부로 간주하고 이를 적극 권장해 왔다. 그래서 여행을 위한 '결석'은 결석으로 간주하지 않는다. 자율 방학은 노동자가 알아서 월차를 내듯 개별 가정이 상황에 따라 알아서 정하면 되는 것이고, 개별 아이의 관심에 따라 시행되면 되는 것이다.

딱히 자율 방학의 날을 학교에서 '지정'한다면, 교육부에서 우선적으로 해야 할 일이 있다. 일터를 다음 세대를 위한 학습의 공간으로 열기를 노동부와 회사에 알리고 적극적인 협조를 구하는 일이 그것이다.

그래서 학교에서 정한 휴업일에 부모가 아이들을 일터로 데리고 갈 수 있어야 한다. 미국에서는 십여 년 전부터 페미니스트들이 중심이 되어 '딸들을 일터로!'라는 모토의 행사를 열어 왔다. 아이들로 하여금 다양한 직업을 체험하게 하려는 취지의 행사인데, 그날이 되면 앵커맨 옆에 초등학교에 다니는 딸이 야무지게 앉아 아빠가 하는 일을 지켜보고, 택시 기사는 딸을 태우고 영업을 한다. 생물학 교수는 이 운동에 동참하는 대학원생들과 함께 딸을 위해 특별 프로그램을 마련하고 유전공학에 뜻이 있는 지역 내 모든 중고생들을 초대한다. 이런 일은 교육부와 노동부의 협력이 없이는 불가능하며, 가정과 학교와 직장의 벽을 허무는 일이 얼마나 중요한지에 대한 인식이 산·학·민 모두에게 공유될 때 가능한 일이다.

　새 제도는 현장에서의 유연성과 상상력을 바탕으로 실행될 때 제대로 효과를 낼 수 있다. 그래서 무엇보다도 '아래로부터' 세상을 바꾸어 낼 똑똑한 주민들의 참여가 핵심이다. 부모들이 학교와 정부 관리와 직장 상사를 설득하고 실행 계획을 짜야 하는 것이다. 그런데 정부와 기존 학교는 참신한 일을 벌이기엔 너무 늦었고 무겁다. 실행 계획이란 바로 이런 사실이 충분히 감안되어 있는 계획을 말한다. *2001 한겨레신문

# 다양한
# 대안학교들
# 생겨나게

"학급당 학생 수 줄이기 부부 대결"이라는 신문 기사가 눈길을 끈다. 학급당 학생 수를 줄이기 위해 앞으로 4년 동안 11조 원의 예산을 투입하겠다는 교육부의 계획에 대해 경제 관련 부처에서 '저효율 투자' 케이스라고 문제 제기를 하였다는 것이다. 모처럼 교육부가 큰 예산을 확보하여 추진하는 획기적인 발전 계획이 차질 없이 진행되기를 바라며, 11조 원이라는 예산이 '고효율 투자'의 전형이 될 방안을 놓고 고심해 본다.

교육부가 내 놓은 방안은 상당히 종합적인 구상이긴 하지만 여전히 실행 기획력이 약하다는 인상을 지울 수 없다. 하드웨어 확보에 걸맞은 소프트웨어에 대한 고민이 깊어야 한다는 말이다. 예를 들어 학급당 학생 수를 줄이자는 안은 좋지만 어떤 식으로 그 수를 줄여 나갈 것인지에 대한 좀 더 치밀한 구상이 없어서 불안하다. 입시 위주 교육을 바꾸면서 동시에 정보 사회로 전환해 내야 한다면 무작정 학교를 많이 만들어 교실당 학생 수를 줄이는 것만이 능사가 아니다. 더구나 지식 정보 사회에 부응하는 새 학교란 기존의 학교를 복제한 형태는 아닐 것이다.

　이것이 성공하려면 더 치밀한 실행 기획이 필요하고, 무엇보다도 온몸을 바쳐 새 학교를 만들 사람들이 보여야 한다. 그러면 새 학교를 만들기 위해 온몸으로 뛸 주체는 누구일까? 아마도 현재 학교에 적응하지 못하는 학생과 교사들일 것이다. 그들은 여건만 마련되면 온갖 창의력과 에너지를 동원해서 자신들이 행복해질 수 있는 학교를 만들어 갈 장본인들이다. 따라서 교육 여건 개선을 위해 교육부에서 일차적으로 해야 할 일은 기존의 학교에 적응하지 못하는 학생들로 하여금 자신이 원하는 학교를 상상하게 하고, 그들과 함께 학교를 만들고자 하는 교사들에게 그 일을 신나게 할 수 있는 조건을 만들어 주는 일이다. 다시 말해서 다양한 공립 대안 학교들이 많이 생겨날 수 있어야 한다는 말이다.

　기존 교실을 놓고 보자. 한 교실에는 여러 가지 이유로 학교에 적응을 잘하지 못하는 학생들이 20~30%가 된다고 한다. 일단 이런 학생들이 빠져 주면 교실 분위기는 한결 좋아질 것이다. 기존 학교에 그다지 불만이 없는 교사는 기존 학교에 남고, 기존 학습 방식을 바꾸어야겠다고 생각하는 교사들은 적응을 못하는 아이들을 데리고 대안 학교를 만들어 가면 된다. 그러면 학생 수는 저절로 줄고, 아이들에게 필요한 학교들이 속속 생기게 된다. 학교만 가면 배가 아프다는 아이를 잘 '내버려 두어서' 시간이 약이 되도록 하는 도쿄 슈레 같은 학교도 생길 수 있고, 공부에는 영 취미가 없는 아이들이 신나게 다니는 백댄서 학교, 대중음악 학교, 생태 학교, 영상 학교, 게임 학교, 스타일리스트 학교도 생길 수 있다. 교육부에서 해야 할 일은 그럴 준비가 된 아이들과 어른들을 찾아내어 선정하고 지원을 하는 일일 텐데, 이때 학원이나 야학도 학교가 될 수 있을 것이고, 가출 청소년 쉼터도 학교가 될 수 있을 것이다.

아이들이 무엇인가를 배우고 싶어 한다면, 그리고 그 아이들과 함께 배움의 체계를 만들어 가려는 어른이 있다면 그 모든 곳이 학교가 될 수 있어야 한다는 말이다. 학교를 나온 아이들은 여러 이유로 학교에 적응하지 못했을 뿐이지 배움을 포기한 것은 아니다. 오히려 현 체제에 적응을 잘 못한 만큼 대안적 학습의 방식을 찾아낼 가능성을 많이 가지고 있다. 이런 대안 학교들은 20~100명을 넘지 않는 작은 학교일 것이다. 학교 건물은 비어 있는 동사무소여도 되고 주택가의 이층 전셋집이어도 된다. 대안 학교를 위해서는 구태여 그린벨트를 훼손하면서 학교를 지을 필요도 없다.

교육부가 만들려는 새 학교의 30%가 이런 대안 학교의 형태로만 나가 준다면 '학교 부적응아'의 문제도 해결되고 지식 정보 사회가 요구하는 창의적인 인재 양성을 하는 데도 문제가 없을 것이다. 경제 관련 부서에서 '저효율 투자' 운운하는 일도 없을 것이며, 교사와 학생들은 한결 행복해질 것이다. 그런데 교육부는 이 실행 기획을 위해 그 무거운 몸을 날렵하게 움직일 수 있을까? 자신 없어지는 대목이 바로 이 부분이다. ✒2001 한겨레신문

# 긴 호흡 작은 학교

고등학교 보충 수업과 관련해서 교육인적자원부와 서울시 교육청이 서로 다른 입장을 취하고 있어 눈길을 끈다. 국민의 정부 들어서고 지난 4년간 교육부 장관이 여섯 번 바뀌었고, 이번 장관은 체벌 금지, 보충 수업 등의 항목을 '학교장 자율'에 맡긴다고 함으로써 정권 초기 개혁 구상의 틀을 흔들고 있다. 최상급 기관인 교육인적자원부의 구실은 교육의 큰 그림을 그리고 그 틀을 지켜 가는 일일 텐데 현실은 거꾸로 간다. 교육부 장관의 단기 수명과 교육부의 '일관성 없음'에 실망을 거듭하다 보니, 그나마 임기가 보장된 교육감 쪽을 쳐다보게 되고, 지방 자치 기구에 힘을 싣는 수밖에 없다는 생각을 하게 되고, 서울시 교육감이 취하는 요즘의 '자율적' 움직임에 눈길이 간다.

교육계가 자율성을 확보한다는 것은 교육인적자원부가 다른 정부 부처로부터 상대적 자율권을 갖는다는 말일 것이고, 교육청이 교육인적자원부로부터 상대적 자율권을 갖는다는 말일 것이며, 교장이 교육

청으로부터 상대적 자율권을 갖는다는 말일 것이고, 교사가 교장으로부터 상대적 자율성을 갖는다는 말일 것이며, 학생이 교사나 학교장으로부터 상대적 자율권을 갖는다는 것을 의미할 것이다. 그리고 자율을 가능하게 하는 조건은 '소통 가능한 공동체'의 형성이다. 등하교 시간을 자율적으로 정하고 자율 학습 시간을 정하는 일은 교장단과 학부모와 교사와 학생들이 토론 가능한 관계를 형성하고 있는 상태라면, 회의만 소집하면 저절로 이루어지는 일이다. 그러나 그런 관계가 형성되지 않는 상황이라면 자율적 재량권이란 무의미하다. 마찬가지로 교육인적자원부가 철학과 원칙이 있는 공동체라면, 그래서 브레인들이 모여 회의를 제대로 해낼 수 있는 자기 긍정의 조직이라면 외부 부처의 압력에 휘둘리지 않아도 된다.

학교·교실이 학생과 교사들이 소통하는 장소가 되려면, '자기 부정'이 아닌, '자기 긍정'의 공간이 되어야 한다. 기초 실력이나 제도 문제를 거론하기 전에 제대로 된 '큰 그림'을 가지고 학교·교실을 소통 가능한 공간으로 만들어 가야 한다는 것인데, 그러기 위해서는 '규모'가 문제가 된다. 최근 미국에서 공교육계에 거센 개혁 바람을 일으키기 시작한 빅 픽처 컴퍼니 연구소에서는 '학생 120명의 작은 학교' 모델을 내놓았다. '자기 주도 학습'과 '인턴십'을 핵심 원리로 삼는 이 모델 학교의 첫 수업은 학생 120명과 길잡이 교사 8명의 아침 회의로 시작한다. 그리고 일주일에 이틀은 인턴십을 통한 본격적인 일과 체험 학습을 하게 된다. 학생들과 함께 배움의 기쁨을 터득한 이 학교의 길잡이 교사들은 4년이 지나면 다들 작은 학교 교장이 되거나 교재를 만드는 연구소의 연구원으로 뽑혀 간다. 지역 특성이 살려지고 산학 협동 프로젝트가 제대로 결실을 맺는 이 맞춤 학습의 공간은 소통과 실험과 순환의 공간이며, 평생 학습이 무엇인지를 알게 된 21세기 사람들이 자라는 온상이다.

이런 말을 하면 금방 예산 타령이 나올 것이다. 그러나 이 작은 학교는 작은 돈으로도 가능한 모델이다. 이제 예산 핑계는 대지 않으면 좋겠다. '큰 그림'을 가지고 길게 호흡하는 '작은 학교'들이 몇 개라도 만들어지면, 교육계는 서서히 생기를 회복하고 자율성을 회복할 수 있을 것이다. 다행히 서울에서는 '탈학교' 아이들을 위한 '작은 학교'들이 이미 여럿 만들어지고 있고, '탈북' 십대를 위한 작은 학교도 곧 만들어진다고 한다. 지금은 공교육계에서 '자기 긍정'의 언어로 소통하는 작은 학교 모델을 만들어 내고 그 씨앗을 널리 심어 가야 할 때다. 학생과 교사와 학부모, 그리고 지역 사회 자원들이 어우러져 자율의 토대를 다질 작은 학교들. 이런 학교들을 발굴하고 확실하게 지원할 결심을 하는 상위 단위 기구의 '자율'에 기대를 걸어 본다. *2002 한겨레신문

# 학교를 살려 사회를 살린다

　　　　　　　　　　교육인적자원부가 내 놓은 'EBS 수능 특강'과 '방과 후 수준별 보충 수업' 등 사교육비 절감 정책은 지난 30년간의 입시 위주 평준화 교육을 마무리하는 행보가 아닌가 싶다. 전국 학생을 상대로 '국가'가 '과외'를 하기로 했으니 말이다. 특히 대중 매체와 인터넷을 통해 이런 일이 가능해졌으니 가히 정보 신기술의 위력을 실감케 한다.

　이런 정부 시책 발표에 대해 교사 단체에서는 '학교의 학원화'를 우려하며 반대를 하고 있고, 한국학원총연합회는 '학원 죽이기' 정책에 반대하는 '100만 학원 가족 서명 운동'을 벌이기로 했다는 소식이다. 그러나 다수의 국민은 일단 이번의 발표를 반기고 있다. 자녀 교육에 삶을 걸고 있는 부모들에게 자녀들이 경쟁의 출발선부터 불이익을 당하는 것처럼 참을 수 없는 일은 없을 터인데, 국가가 과외를 해 주겠다니 어찌 반가운 소식이 아니겠는가?

　따지고 보면 '중고교 입시 폐지'나 '과외 전면 금지' 등은 시민적 감수성이 전무한 군사 독재 정권이기에 추진 가능한 일이었다. 그런 독재주의적 발상에 가난한 시절의 당시 국민들은 적극 야합을 했던 것이고, 그 대중 추수주의적 정책은 '고도 압축적' 불균형 발전과 '일상적 삶의 피폐화'를 낳았다. 이런 파행적 근대화 과정에서 '공장'과 '군대'를 닮아 있던 학교는 이제 '시장'을 닮으려 하고 있다.

그런데 수요자의 당장의 요구를 충족시키는 게임에서 학교가 시장을 이길 가능성은 전혀 없다. 학교가 살아남으려면 '양도'할 수 없는 그 무엇을 주는 곳이어야 한다. 그 양도할 수 없는 것은 무엇인가? 그것은 친구들과 뛰놀거나 수다 떠는 시간, 학급 홈페이지를 만들면서 '우리'들의 이야기를 만들어 내는 경험, 가족과 이웃들이 모인 앞에서 그간 닦은 기량을 선보이는 학예회, 선생님에게 한 송이 꽃을 드리는 감사의 마음, 이런 것이 아닐까? 학원으로 학생들을 뺏긴 요즘 학교는 쉼터이자 놀이터같이 되었다는 말을 종종 듣는다. 이는 그렇게 염려해야 할 일일까?

학교는 이제 가족 공동체, 지역 공동체, 때로 교회를 닮은 놀이터이자 쉼터이자 배움터가 되면 된다. 아이들은 '보살핌'의 원리가 살아 있는 학교에서 쉬고 놀면서 위협과 불안이 가중되는 시대를 살아갈 준비를 해야 한다. 또 지식 정보 사회를 살아가는 데 필요한 '소견머리'와 '자기 주도 학습'의 태도를 익히면 된다. 그와 함께 삶과 밀착된 문화 교육과 경제 교육이 이루어지면 된다.

다행히 그간에 많은 교사들은 학교와 사회를 연결하는 새로운 학습 방안들을 탐구해 왔고, 내가 존경하는 한 교사는 오전 수업만 하고 오후는 학교 밖에 가서 마음에 드는 활동을 통해 배우는 마그넷 스쿨 magnet school 방식으로 가면 된다면서 학교의 미래에 대해 낙관적인 이야기를 들려주었다. 또한 그간에 풀무학교나 간디학교처럼 각종 인가·비인가 자유 학교/대안 학교들이 자리를 잡아가고 있다. 동네 벽화를 함께 그리면서 지역 사회에 정을 붙이고, 평생의 준거 집단이 될 친구들을 사귀면서 자신이 원하는 '사회'를 만들어 가는 경험들, 다양한 동아리 활동과 인턴십 등을 통해 새로운 길 찾기 학습을 해 왔다. 이제 그 '소프트웨어'들을 서로 나누어 가질 때가 되었다.

내가 2·17 종합 대책을 호의적으로 보는 것은 그것이 사실상 학교를 일정하게 입시 교육의 장에서부터 해방시키는 효과를 낼 여지를 제공하기 때문이다. 국가와 시민이 힘을 합쳐 자본이 독점해 가는 학습 영역을 탈환해 와야 할 때다. 일류 대학 진학에 목을 매겠다는 학부모들은 여전히 고비용을 치르면서 입시 전쟁을 계속하겠지만, 좀 다른 교육 주체들이 생겨나고 있다. 새로운 교실과 새로운 학교들, 작지만 새로움을 담은 '세포'들이 다양하게 생겨야 할 때다.

근시안적인 이해 당사자들에 의해 극도로 도구화된 학교는 이제 아이들과 함께 '사고'를 칠 줄 아는 교사들과, 아이들의 이름을 일일이 기억하는 교장들과, 자녀들이 좀 다른 삶을 살기를 바라는 학부모들에 의해 새롭게 태어나야 한다. 그런 인간적인 학교가 삶의 중심에 설 때 사회는 보호된다. ♣2004

# 후천 가족
# 시대의
# 교육

근대 '국민' 학교가 생긴 지 백 년이 훨씬 지났고, 그렇게 확립된 제도권 교육에 대한 대안 학교들이 생긴 지도 십 년이 넘었다. 대안 학교는 이른바 산업 사회에서 지식 정보 사회로, 공장제 대량 생산의 시대에서 맞춤형 다품종 소량 생산의 시대로 사회 구조적 전환이 이루어지는 와중에 자연스럽게 발생한 학교 개혁 운동의 일환일 것이다. 십 년 전 청소년을 위한 대안 학교를 만든 간디학교 양희규 교장은 당시 입시 위주 학교를 견디다 못해 자살하는 아이들이 더는 나와서는 안 된다는 생각에서 학교를 만들었다고 회고한다. 그 이후 대안 학교에 대한 관심은 지속적으로 늘었고, 다양한 학교와 학습 공간들이 꾸준히 생겨났다.

한국의 교육계가 그간의 초고속 사회 변화에 제대로 발맞추어 왔더라면, 전국 학생의 10% 정도는 대안 학교에 다녀야 적절한 비율일 것이다. 동시에 대안 교육 현장에서 만들어진 새로운 교육 철학과 학습 방식이 제도권 학교들에 전파되어 제도권 교육 현장에도 큰 변화가 일어났을 것이다. 다양한 교육 실험을 해 온 교육 종사자들과 학생들을 중심으로 자연스럽게 학교 개방이 이루어지고, 대안 학교는 지역 사회와 친밀하게 교류하는 평생 학습 시대의 산실 역할을 하고 있을 것이다. 그런데 실상은 그렇지 않다. 국민 일인당 총생산량이 2만 불을 내다보는 시점에 대안 학교 재학생 수는 5천 명에 지나지 않으며, 이것은 전체 학생 인구 비율로 볼 때 0.2%다. 이 숫자는 5만 명 정도로 추정되는 탈학교생의 10%에 불과하다. 대안 학교를 찾아 나선 학부모와 학생들은 늘어나지만 제도가 마련되어 있지 않기 때문에 한편으로는 조기 유학을 떠나고, 다른 한편으로는 학령기인데도 불구하고 홀로 거리를 헤매거나 인터넷 중독 증세를 보이며 은둔을 하는 형태로 살아가고 있다. 이들에게 대안을 제공하는 것은 국가의 의무다.

현재 전국 학생들의 0.2% 정도만이 대안 학교를 다니고 있다는 사실은 엄청난 경제 사회적 변화에도 불구하고 한국의 교육계가 얼마나 보수적인 상태로 남아 있는지를 단적으로 보여 준다. 분명 사회적 패러다임 전환과 함께 교육계도 바뀌어야 하는데, 기존 학교가 바뀌지도 않으면서 새로운 학교가 열리는 것도 격려하지 않고 있는 것이다. 그래서 탈학교생들은 늘어나고, 설혹 학교를 다녀도 교실에서 널브러져 있거나, 사교육 시장의 소비자로 더 많은 시간을 보내는 것이 대한민국의 교육 현실이다.

물론 정부가 교육 개혁에 대해 늘 그렇게 보수적이지만은 않았다.

1997년 교육부는 '대안학교 설립 및 운영 지원 계획'를 발표해 시민 사회에서 일고 있는 움직임을 수용하고, 교육계에 활력을 다시 불어넣으려는 움직임을 보여 주었다. 그러나 경제 위기를 맞으면서 제도권 교육계는 다시 방어적인 경향을 보이고 있다. 교육인적자원부 안에서도 "대안 학교가 아니라 공교육을 살려야 하지 않는가?"라는 질문을 하는 이들이 없지 않다. 여기서 대안 교육은 제도권 교육과 배타적인 관계일 수는 있어도, 공교육과 대립각을 세울 관계는 아니며, 오히려 국가라는 공적 기구가 적극 지원해야 할 영역임을 분명히 할 필요가 있다.

　대안 학교는 대량 생산 체제, 획일적 국민 만들기 시대에 맞지 않는 교육을 시대에 맞게 바꿔 가야 한다는 것을 누구보다 일찍 감지한 시민과 학습 당사자들이 주도하는 '아래로부터의 교육 개혁' 운동이다. 그것은 매우 공공적인 사회 운동으로서 이런 움직임을 제대로 제도화해 낼 때 사회가 발전한다. 어떤 개혁이든 그것은 일상의 모순이 가장 첨예할 때 재빨리 시민들에 의해 발의되는 것이고, 그런 개혁들을 포용하고 확산해 가는 것이 '좋은 국가'가 되는 길이다. 현재는 아주 적은 수의 학교에서 21세기를 살아가는 인재들이 길러지고 있다. 대안 학교는 후기 근대의 '공공적인 학교'이며, 근대화의 적절한 시점에 크게 늘어나야 하는 학교의 모습이다.

　대안 교육의 십 년을 검토하는 것은 공교육의 의미를 더 적극적으로 규정하면서 새로운 교육과 학습의 시대를 열어 가기 위함이다. 공교육은 더불어 살면서 행복한 아이들을 함께 기르는 것이고, 학교는 '창조적 공공재'를 만들어 내는 현장이다.

정규 학교가 사회에 순기능을 하던 때가 있었다. 기존 정규 학교들은 근대 국가와 산업 사회 형성기에 매우 중요한 사회적 기능을 했다. 구체적으로 1970년대까지 제도 학교는 모두가 가고 싶어 하던 축복의 공간이었다. 하지만 시대가 변하면서 학교가 몸에 맞지 않는다고 느끼는 아이들이 늘고 그것을 감지하는 통찰력을 가진 어른들도 늘어나 새 학교들이 만들어졌다. 대안 교육 운동은 학교라는 틀을 빌리기도 하지만 청소년 센터나 도서관 등에서 비정규적인 교육과 문화 활동의 모습으로도 이루어지고 있다.

대안 학교들의 모습은 근대적 국민 교육 체제의 학교와는 달리 매우 다양하다. 그러나 현재의 학교들은 크게 세 가지 종류의 학교로 나눌 수 있다. 하나는 '학교태'를 갖춘 대안 학교다. 간디학교나 이우학교처럼 학생 수도 백 명이 넘고, 기존의 학교의 꼴을 그대로 갖춘 학교로, 기존의 입시 위주 교육을 바꾼 학교의 모습을 제시하고 있다. 이 학교들은 개별 가족과 시민 사회의 지원으로만 유지가 되고 있기 때문에 비록 학교의 철학이 빈곤층의 자녀를 포용하는 것이라 해도 다수가 비교적 안정된 가정 출신으로 이루어지기 마련이다. 그리고 대부분이 대학으로 진학하는 경로를 가게 된다.

두 번째는 학교태를 갖지 않은 학습 공간들이다. 이런 공간들은 '후기 근대적' 위험 사회가 만들어 낸 새로운 시대적 산물이다. 현재, 무한 경쟁과 효율성의 원리로 구조 조정을 이룬 신자유주의 체제에서 많은 국민들은 체제 밖으로 밀려나고 있다. 특히 1997년 IMF 경제 위기 이후 고용 불안과 가정 해체로 어쩔 수 없이 체제에서 밀려나 오갈 데 없어진 아이들이 늘고 있다. '그룹 홈' 형태의 작은 복합 공간은 바로 이들을 먹이고 재우고 가르치는 곳이다. 이들이 여기서 배우는 것은 대학을 가기 위한 공부가 아니라 세상을 신뢰하고 자립하여 살아갈 수 있는 힘이다. 이 학교는 학교라기보다 가정과 같은 돌봄의 역할을 더 많이 하고 그런 돌봄을 통해 학습을 시키는 훈련의 장이 되는 것이다.

세 번째 유형의 학교는 가정 형편과 관련 없이 기존 학교 체제에 적응하지 못하는 학생들이 만들어 내는 공간이다. 매우 창의적이고 성취동기가 강한 아이부터 아주 무기력한 아이에 이르기까지 다양한 '부적응아'들이 스스로 길을 찾아 가도록 돕는 학교다. 이런 학교에서는 아이 한 명 한 명의 상황을 고려한 교육을 한다. 학교 규모는 기본적으로 아주 작으며, '실험적' 형태의 학습들이 많다. 이들이 기존의 학교태와는 상당히 다른 창의 스튜디오, 사랑방, 또는 네트워크형 만남의 장소 등의 모습을 가지고 있는 이유가 여기에 있다. 이런 학습 공간들은 그 자체로 '진화'하면서 근대적 학교와는 매우 다른 학교이자 사회적 기업으로 발전하고, 또 새로운 마을의 핵으로 자리를 잡기도 한다. 맞춤 교육은 고비용이어서 대중화되기 힘들다고 하지만, 현재 제도권 학교에서 학생 1인당 1백만 원이 들어간다면 비제도권 학교는 여타 사회적 자원을 활용하면서 실제로는 평균 5백만 원의 비용으로 목표한 교육을 하고 있다. 이런 학교 역시 상호 돌봄과 서로에게서 배우는 학습이 학습의 핵심이 되고 있음을 알게 된다.

이런 세 가지 유형의 학교는 조직과 수업 내용 면에서 상당한 차이를 보이지만 비슷한 진화의 과정을 거치고 있다. 초창기 대안 학교의 목표는 아이들을 '억압적인 학교에서 탈출'시키는 데 있었다. 자살하는 아이들이 더는 나오지 않게 하기 위해 대안적 공간이 필요했던 것이다. 일단 '병영 사회로부터의 자유'를 얻어 낼 시공간이 필요했고, 따라서 당시 학교의 표어는 자유와 선택, 그리고 개성과 소질의 발현 등과 연결되어 있었다. 그러나 시간이 지나면서 그 초점이 달라지고 있다. 대안 학교는 '억압으로부터의 자유'의 시점을 지나 '무엇을 향한 자유'인지를 묻기 시작했다. 대안 교육의 역사가 쌓이면서, 또한 급하게 진행되는 사회 해체의 와중에서 대안 학교는 '해체 사회를 재구성'하는 학습의 장이 되고 있는 것이다. 내실의 시기에 접어들었다고도 할 수 있을 것이다.

일단 급격한 사회적 해체 상황에서 체제 밖으로 튕겨져 나온 아이들을 어떻게 다시 체제 안으로 흡수해 낼지에 대한 고민과, 명백히 후기 근대적 시점에 진입한 상황에서의 교육적 패러다임 전환에 대한 본격적 탐구가 시작되었다. 이를 위해 제도권이 열려야 하고, 대안 교육계도 '무엇을 향한 탈출'인지를 분명히 하면서 한 단계 업그레이드를 해야 할 시점에 왔다. 이 시점에서 학교는 이제 배움의 공간이 아니라 일과 놀이와 학습이 한데 어우러지는 복합 공간이다.

한국보다 조금 빨리 근대화 과정을 거지고 있는 일본을 보면, 이런 경향을 더 선명하게 볼 수 있다. 현재 일본 교육계의 가장 심각한 문제는 은둔형 외톨이의 문제다. 이 문제를 해결하기 위해 일본에서 시작된 뉴스타트 운동은 후기 근대의 마을이자 학교를 만들어 가는 운동이다. 뉴스타트 운동을 벌인 후다카미 씨는 학생들에게 개성 있고, 자기 주도적인 사람이 되라고 스트레스를 더는 주지 말라고 말한다. 요즘 시대 청소년들에게 부모와 광고와 시장이 끊임없이 보내는 "개성 있고 자기 주도적인 사람이 되라."는 압박을 아이들은 이제 견디기 힘들다는 것이다. '개성'과 '독창성'은 근대 막바지의 이데올로기이고, 막상 '불안정 고용 시대'를 살아가는 아이들에게 필요한 것은 따뜻한 돌봄이 있는 가족적 공동체이며 서로를 돌봐 주는 학교와 마을이라는 것이다. 이때의 가족과 마을은 우리가 알고 있는 농경 사회의 것이 아니라 '후천 가족'적 인연을 포함한다.

지금까지 대안 학교 교사들은 사실상 대부분이 아이들의 후천 가족의 역할을 했다. 영화 「중앙역」이나 「가족의 탄생」 등의 명작 영화를 보면 우연하게 인연을 맺게 된 사람들이 그 관계 자체를 감사하면서 감싸주고 북돋우며 살아가는 모습을 볼 수 있다. 대안 학교 선생님들도 그런 마음으로 아이들을 만나 왔고, 바로 그런 만남이 가능한 곳이 후기 근대의 학교여야 한다. 따라서 교육의 커리큘럼도 많이 바뀔 수밖에 없다. 타인의 말을 끊지 않는 것, 느림의 가치를 인식하고 느리게 살아가는 것, 서로 돌보는 능력을 기르는 것이 중요한 학습의 덕목이 된다. 그간의 근대적 덕목이 악덕이 된 상황을 성찰하면서, 다른 식으로 학습하는 것을 학습해 가야 하는 것이다. 근대적 제도로부터 일정한 단절이 이루어져야 할 때다.

또 한 가지는 일본에서 공교육은 확실하게 '돌봄'의 기능에 역점을 두는 식으로 변했다는 것이다. 대학 입시는 개인에게, 실은 사교육 시장에 상당 부분 맡겨져 있다. 한국에서 문제가 되는 것은 공교육이 돌봄의 역할을 하지 못하고 있다는 것이다. 제도권 학교들이 대안 학교를 통해 배워야 할 점은 바로 이런 돌봄의 공간화다.

다행히 현재 사회 전체적으로 대안 학교를 보는 시각은 질적으로 달라지고 있다. 부모들의 인식이 크게 변했고 대안 학교들의 유형별 모델도 단단하게 나와 있다. 그리고 제대로 된 교과 과정을 만들어 낼 수 있는 학교를 지원하는 재단이나 기업들도 상당히 많아졌다. 여전히 부족하긴 하지만 준비된 교사들도 많이 배출되고 있다. 여전히 열악한 학습 공간들, 특히 가장 가난하고 갈 곳 없는 아동들을 담당하는 학교들은 공간 확보에서 교사 충원에 이르기까지 많은 어려움을 겪고 있지만 정보를 적극적으로 공유하고 네트워크하면서 새로운 판이 만들어지고 있다.

이 시점에서 가장 필요한 것은 정부가 제도권 학교에서 소화해 내지 못한 학령기 아동들을 적극 끌어안는 일이다. 학교를 다니지 않는 학령기 아동들에게 바우처 제도와 같이 1인당 교육비가 주어지는 제도가 마련되어야 할 것이다. 또한 그간 교육 개혁을 주도했던 대안 교육계는 정부와의 긴밀한 협조 아래 그간의 교육적 실험을 체계화하여 널리 공유할 수 있도록 제도적 장치를 마련해야 한다. 그간 자체 충족이었던 작은 대안 학교들이 수시로 연대하면서 공동 교과 개발을 할 수 있어야 하고, 이를 위해 교육을 위한 '큰 그림'을 그리는 메타 스쿨이 생겨야 한다. 원활한 정보 공유를 위한 네트워크를 만들고 공동 프로젝트를 주도하고 지원하는 교육청 같은 기구들이 필요하다.

지금 우리 사회는 교육과 문화 영역이 경제 기술 영역에 비해 발전이 뒤떨어져 있다. 이런 불균형 상황이 더 많은 문제들을 야기하고 있다. 교육 문제를 공학적으로, 행정적으로만 푸는 경향이 변하지 않는 한 이 불균형은 더욱 심해질 것이다. 또한 지금 한국은 고실업 불안정 고용, 그리고 가정 해체와 불안 속에서 새로운 성찰을 해내는 평생 학습 시대로 진입하는 길목에 서 있다. 교육계 문화의 변화가 시급하며, 이를 위해 대안 학교들의 움직임을 제도권으로 적극 끌어들여야 한다. 학교태를 갖춘 대안 학교는 물론 비정규적, 비학교적 학습 공간을 적극 수용하면서 학교에 대한 상상력을 대폭 바꾸어 내야 하는 것이다. 그간 대안 교육 현장이 해 온 다양한 실험을 바탕으로 우리 사회는 자연스럽게 후기 근대적 평생 학습 시대로 옮아가야 한다.

한국이 초고속 경제 성장을 기록한 사회인 만큼 압축적인 개혁 작업이 필요할 것이다. 사회의 해체와 재구성이 동시에 일어나는 시점에서 대안 학교들은 앞으로 해체된 공동체를 재구성하는 중요한 역할을 맡게 될 것이다. 현재 정부에서는 많은 예산을 투여하면서 후기 근대 마을/도시 만들기 사업을 추진 중에 있다. 그간의 거침없는 근대화로 파괴된 공동체를 다시 살리고 상부상조하는 전통을 되살려 내지 못하면 중산층의 붕괴를 막을 길이 없기 때문이다. 후기 근대적 마을 만들기의 성패는 실은 주민들이 시대적 학습에 적극적으로 동참하는 것에 달려 있고 그 학습은 아이들과 함께 시대를 배워 가는 학부모 교육이 그 핵을 이루게 될 것이다. 현재 지역 사회에 들어선 대안 학교들은 이미 그 역할을 훌륭하게 수행하고 있다.

대안 학교는 기대만큼 빨리 늘어나고 있지 않고, 사교육 시장은 계속 비대해지고 있다. 이런 기현상을 바로 잡기 위해 정부는 노력을 기울이고 있지만 역부족인 것 같다. 실제로 사교육 시장은 억제하고 통제한다고 잡히지 않는다. 해결책은 학교 선택의 폭을 넓히는 것에 달려 있고, 이는 달리 말해서 대안 학교가 많이 생겨날 때 풀릴 수 있는 문제다. ♂2007 대안교육백서

다시, 마을이다

남북 공존,
위험 교실
위험 사회를 살아가는
부산 '우다다학교' 무인도 답사 사건이
열정 꺼지지 않는
삶의 기본기
아이들이 행복하게

# 행복하게 살아남기

올해는 유난히도 힘든 해였다. 몇 년 전만 해도 갓 채용된 교수들이 강화된 재임용 제도에 맞추느라 정신없이 허둥대는 것 보면서, 아, 참 나는 운도 좋구나, 하고 싶은 대로 하면서 정교수가 되었으니 하고 좋아했는데… 어느새 나도 온통 그들의 허둥댐과 불안에 감염되어 있었다. "일제시대 나라 없는 서러움 가운데서도, 해방 후 그 혼란한 정국에서도, 군사 독재 말기의 암울한 상황에서도 어딘지 신이 나는 데가 있었는데, 요즘은 왜 이렇게 앞이 캄캄하냐?"는 팔순 아버지의 넋두리를 들으면서 불안이 싹트기 시작했고, "선생님 말은 알아는 듣겠는데요, 몸이 말을 안 들어요." 하는 학생의 말을 피부로 느끼게 되면서, 내 안에서 고통의 계절은 시작되었던 것 같다.

인간답게 사는 것이 점점 더 어려워지는 시절이 오고 있음을 받아들여야 하기에 힘들고, 고통의 끝이 잘 보이지 않기에 더욱 힘들다. 지금 고통스럽지 않은 사람은 바보거나 사기꾼이라는 친구의 말에 위로를 받으면서도 힘든 것은 어쩔 수 없다. 상상 불가능한 세상으로 치닫는 인류사의 흐름을 막을 수는 없고, 누구라고 그 살인적 속도를 피해 갈 수 있을까?

전환의 시대라 한다. 전 인류를 거대한 공장 체제로 끌어들인 20세기는 바야흐로 퇴장하고 있다. 20세기가 낳은 천재 찰리 채플린이 「모던 타임스」라는 영화에서 선명하게 보여 주었듯이, 산업 혁명 이후 인류는 거대한 컨베이어 벨트 속으로 빨려 들어갔다. 사람들은 자신의 몸을 대량 생산을 위한 기계적 시계에 맞추기 시작했다. 훈육과 제복의 시대는 시작되었고, 유토피아에 도달할 것이라는 믿음 아래 사람들은 헌신적으로 자신의 몸을 기계에 길들여 갔다.

다행히 인류는 컨베이어 벨트 속에서 일할 인공 지능 체제를 만들어 냈다 한다. 이제 인류의 진화를 위해 필요한 것은 컨베이어 벨트를 제대로 '다스릴 수 있는' 체제와 창의적인 인간이라고 한다. 새로운 생산 양식을 만들어 내고 규정들을 바꾸어야 하는 때라는 것이다. 그런데 아직 많은 사람들이 기존의 규정집을 경전처럼 받들면서 새로운 체제를 만들려는 이들을 '왕따'시키고 있다. 대량 생산 체제에 길들여진 속도와 습관을 바꾸기가 쉽지 않은 것이다.

변화는 분명 오고 있다. '기계 시간'에 맞추다가 허망하게 과로사하는 이들이 늘어나고 있고, 이미 '똑똑한' 이들은 '체제 탈출'을 꾀하고 있다. 컨베이어 벨트 외곽에서 아주 다른 방식으로 사는 사람들이 생겨나고 있는 것이다. 이들은 놀고 싶을 때 놀고, 일하고 싶을 때 일하고, 쉬고 싶을 때 쉬면서 유기체적인 몸을 보존하겠다는 사람들이다. 혼미한 중세 말기에 선각자들이 선택한 것이 '머리'였다면 후기 근대의 선각자는 그래서 '몸'을 선택한다.

이번 연말에 나도 '선각자'가 되리라 다짐해 본다. 그래서 2000년부터는 생산성 없는 컨베이어 벨트와는 무관하게 살 것이다. 그것이 어렵다면 적어도 속도를 늦추기 위해 태업을 할 것이다. 태업을 하면서 비축한 에너지로 대량 생산 체제가 금지한 것들을 열심히 할 것이다. 몸의 소리를 듣기. 일상을 함께 나누는 이들과 깊이 눈을 맞추고 서로를 느끼기. 길이 아닌 길을 탐험하며 천천히 산보하기. 남에게 내 페이스를 강요하지 말기.

실은 백 년 전에 폴 라파르그[1842-1911]라는 통찰력 있는 지구인이 다음과 같은 당부의 말을 남겼다.

우리는 지금 가만히 멈추어 서서
바라볼 시간이 필요하다
우리는 혼자 있을 시간이
타인과 관계를 맺을 시간이
창조적인 일을 할 시간이
즐거움을 주체적으로 즐길 시간이
아무것도 생산하지 않고
그저 근육과 감각을 움직일 시간이 필요하다

그리고 친구들과 함께
'내'가 살고 싶은 세상을 구상하고
기획할 시간이 필요하다. ⓒ1999 한국일보

# 더는 허물지 않는다

1988년 영국에서 안식년을 보냈다. 그때 나는 영국인들의 검소함에 놀라고, 특히 상류층 출신들이 소맷자락이 너덜너덜한 재킷을 입고 있거나 고물 자전거를 고쳐서 쓰는 것을 보면서 신기해했다.

그와 동시에 내가 신기하게 생각한 것은 그들이 내보이는 비관적인 세계관이었다. 낙관적이고 항상 새것을 탐하는 문화에 익숙한 나로서, 그리고 할리우드 영화의 해피 엔딩에 나름대로 익숙해 있는 나로서, 사랑하는 이들이 서로 사랑한다는 말을 한번도 하지 않고 헤어지는 「시골에서의 한 달」 원제 A Month In The Country, 팻 오코너 감독, 1987 유의 영화에서 '대영제국'의 자손들이 드러내 보이는 그 '머뭇거림'과 '욕심 없음'은 자못 이해하기 힘든 부분이었다.

일본에서도 나는 비슷한 검소함과 머뭇거림, 그리고 비관주의적 세계관을 보면서 신기해한 바 있다. 두 나라에 살고 있는 주민들은 각자 자기 자리를 지키며 충실하게 살고 있었고, 특히 '욕심'을 부리지 않는 것 같은 태도가 인상적이었다.

그런데 외환 위기로 나라가 망했다고 난리 법석이 나면서 우리는 삶을 새삼 되돌아볼 기회를 가졌다. IMF 금융 위기를 거치는 와중에서 나는 영국이나 일본에서 보았던 그 비관주의가 실은 근대화 과정에서 생긴 보편적인 한 양상일 수 있겠다는 생각이 들었다. GNP 1만 불을 넘어 한국은 조금만 더 가면 '세계의 중심'이 될 것이라느니, 유교 전통이 자본주의 발전과 대단한 친화력이 있으므로 '아시아의 네 마리 용'은 더욱 높게 비상하겠다느니 하는 자만심 가득한 주장들이 하루아침에 쏙 들어가고 GNP 5천 불인 제3세계로 다시 돌아왔다는 탄식의 소리 속에서 나는 사람들이 삶을 바라보는 시선을 바꾸기 시작했음을 느낄 수 있었다.

'나라 부도설'이 파다할 때 주변에서 "사는 것이 별 것 있나요? 가족끼리 오순도순 살면 되지. 큰돈도 필요 없고, 그저 건강하게 탈 없이 사는 것이 행복이지요." 하는 말을 듣게 되었고, 경쟁이 극심해진 상황에서 오히려 욕심을 줄인 서민들의 '지혜로운' 삶과 마주치면서 잔잔한 감동을 받을 때도 많다. 동네 전기 가게 맥가이버 아저씨는 자기 기술로 살아가는 사람에게 이런 파동은 별 상관없는 일이라며, 자기 노력과 기술로 살아온 삶에 대해 자부심을 새삼 느끼고 있었다. 게다가 쓰레기를 버릴 때마다 죄의식을 느끼곤 했는데, 구청의 재활용 센터에 사람들이 몰리기 시작했다는 반가운 소식도 들린다.

이런 현상을 접하면서 내가 주목해서 본 것은, 근검절약한다거나 착실하게 자기 일에 몰두하는 사람이 많다는 것은 단순히 국민 문화의 차이에서 오는 것이 아니라 근대화 과정의 마무리 단계에서 일어나는 변화라는 점이다. 사실상 끝없이 팽창할 줄 알았던 대영제국의 경제가 몰락하고 경제 침체가 지속되면서 1970년대 이후의 영국 사회는 많이 변했다. 일본 사람들 역시 오일 쇼크로 인한 한바탕의 사회 경제적 충격을 겪으면서 경제 발전에는 끝이 있고, 역사는 진보하지 않으며 물자는 한정되어 있다는 것을 깨닫게 된다. 그리고 이때부터 이들은 집을 짓는 것, 새것을 사는 것, 끝없는 욕심에 대해 다시 생각하게 되었다.

근대 초기는 한마디로 새집을 짓는 시기다. 그 집은 각 사회의 역사에 따라 스타일의 차이를 드러내겠지만 어쨌든 16세기 이후 지구상의 크고 작은 집단들은 모두 '봉건'이라는 집을 부수고 '근대'라는 새집을 미친 듯이 지어 나갔다. 새집을 짓는 과정은 고향과 과거와 결별하고 미래를 위해 몸을 파는 과정이었다. '끝없는 발전과 진보'를 믿는 '근대인'들은 모두 도시의 아파트에 입주했고, 피아노를 사들이고 아파트 평수를 늘리기 위해 허리띠를 졸라맸다. 시도 때도 없이 아파트 투기를 했으며, 고향에 계신 부모님을 귀찮아했다. 좀 더 잘사는 동네로 뜰 생각만 했기 때문에 이웃도, 친구도 없어졌다. '大한민국'이라는 국호에서 보듯 온통 '큰 것이 아름답고' 새마을 운동이라는 말에서 보듯 온통 '새것이 아름다운' 시대가 바로 '근대'였던 것이다.

그러나 어느 단계에 가면 경제 성장이 멈칫거린다. 그때가 되면 갑자기 근대인들은 더 개척할 땅도, 이루어야 할 유토피아도 없음을 깨닫게 된다. 그때 그들은 다시 고향을, 그리고 자신의 역사와 대면한다. 쓰던 것, 손때 묻은 것을 사랑하게 되고, 재활용할 생각을 하게 되며, 작은 것의 아름다움을 보게 된다. 농촌적이고 봉건적인 것이 촌스러운 것이 아니라 이제는 도시적인 것, 새것, 반짝거리는 것, 시간성을 죽인 것이 참을 수 없이 촌스럽게 보인다. 이것이 바로 '후기 근대', 또는 '탈근대'의 시작이다.

이제 그들/우리들은 집으로 돌아온다. 그리고 집수리를 시작한다. 물량주의와 가시적인 효과만을 노려 꾸민 집을 다시 가족 성원들이 행복하게 살아갈 공간으로 개조한다. 밖으로 나돌며 혼을 팔아 버린 아이들을 다시 불러들이고, 엄마와 아버지를 다시 불러들인다. 간혹 여자들에게 다시 집으로 들어가는 '선택'을 하라거나 가부장제를 다시 강화해야 한다는 주장을 하는 이들도 있을 것이다. 그러나 이제 그런 집으로 돌아갈 사람은 없다. 모두가 즐겁게 나누어 일하는 부엌, 마음을 터놓고 이야기를 나눌 수 있는 식탁이 있는 공간, 이제 크기와 상관없이 그런 따뜻함과 배려와 공유하는 즐거운 기억이 있는 집으로 사람들은 돌아간다.

인간의 탄생은 축복만은 아니며, 역사는 진보하지 않는다. 인연이 있다고 해서 꼭 맺어지는 것이 아니며 삶은 끊임없이 변화할 뿐이다. 삶은 항상 무엇인가를 이루기 위해서가 아니라 사는 그 자체로 의미 있다. 끝없는 발전과 확장을 믿고 살아온 그간의 역사는 얼마나 폭력적이고 허무한가? 터무니없는 낙관주의는 또 얼마나 많은 불행을 낳고 있는가? 망각의 시대는 얼마나 삭막한가?

'근대'의 끝머리에 선 인류는 이제 '지속 가능한 생존'의 방식을 찾아 나선다. '지금'이 중요하고, 살아 있는 존재들 간의 '소통'이 중요하며, 태어날 아이들에게 들려줄 이야기가 중요하다는 것을 이제 깨닫는다. '내' 곁에 있는 그대가 소중하고, 우리가 함께했던 기억, 그리고 그것들을 품고 있는 오래된 건물이 중요하다. '아우라'의 소멸은 곧 소통의 소멸이며, 상상력의 소멸은 곧 인류의 소멸이다.

우리는 이제 더는 집을 허물지 않는다. *2003*

# 노동하는 몸
# 놀이하는 몸

일하는 것 자체가 신이 나고 보람 있는 시대가 있었다. 농촌 마을을 떠나 도시에서 화이트칼라로 일하는 것 자체로 행복하기만 한 때가 있었고, 일이 그다지 즐겁지 않더라도 꾸준히 하면 승진을 하고 저축도 하고 자녀들이 더 나은 교육을 받을 수 있었을 때 '노동'은 할 만한 것이었다. 그런데 그런 '노동하는 몸'을 가진 인구는 급격히 사라지고 있다. (아직도 '노동하는 몸'으로 살고 있는 사람들은 아마도 벤처의 최고 경영자들, 억대 연봉을 받는 글로벌 자본의 첨병들이 아닐까?)

후기 근대의 다수 주민들은 자신이 '노동하는 몸'으로만 규정되는 것을 거부한다. 어떤 변화 때문인가? 고도 관리 사회에서 노동 기계로 전락하는 것이 싫기 때문이다. '쿨'하게 보이는 일들도 알고 보면 무한 경쟁 시장에서 살아남기 위한 비인간적 노동이거나, 세상을 전쟁 속으로 몰아넣는 나쁜 짓임을 간파한 이들은 그런 '유해한 일'을 하기보다는 차라리 '무해한 존재'로 노는 것이 더 훌륭한 일이라고 말한다.

고도 관리 사회에서 '전적으로 자유로운 공간'은 '몸' 하나뿐임을 감지한 이들은 패션에 지대한 관심이 있으며, 온갖 놀이와 운동과 명상을 통해 새로운 놀이적 몸을 만들고, 서로의 존재 자체를 축복하는 파티를 열면서 '노동하는' 몸을 변화시키려 하고 있다. 피어싱과 문신도 이런 시대적 표현의 일종으로 부상된 문화적 행위다. 이들은 이런 행위를 통해 도구적 합리성으로 점철된 '근대'에 대해 성찰해 내고 있다. 여기서 '성찰'이란 단순한 반성을 말하지 않는다. 잘못을 뉘우치고 다시 길로 들어가는 것이 아니라 길이 없음을 인식하고 새 길을 내기 위해 혼란의 여정에 기꺼이 들어가서 새로움을 탄생시키려는 움직임을 말한다.

이들은 이제 일과 놀이에 대해 근원적으로 생각해야 할 때가 왔다고 말한다. 돈으로 살 수 없는 시간에 대한 성찰, 놀이와 쾌락의 복권. '웰빙'에 대한 감각의 회복, '저속 기어'로 가면서 아름답고 새로운 노동 세계를 다시 구축하자고 말한다. 스스로 소생하면서 사회를 소생시키기. 이것이 바로 '놀이하는 몸'을 갖고 싶어 하는 후기 근대인들이 해내려는 작업이다.

이런 시대적 흐름에서 보면 압축적 개발 독재 경제 성장을 한 한국 사회의 상황은 상당히 나쁜 편이다. 놀 환경도 좋지 않지만 입시 교육을 통해 놀이에 대한 감각이 심하게 퇴화된 상태이고, 노동하는 인간이 되라는 부모들의 압력은 여전히 강하다. 게다가 고실업, 불안정 고용이라는 사회적 조건이 버티고 있어서 한국의 '놀이족'들에게 성찰적 작업을 해내라는 주문을 하기가 안쓰러울 지경이다. 그러나 달리 출구가 보이지 않으니, 놀이족들이여, 열심히 놀면서 성찰적 시대를 열어가 달라! ♂2004 경향신문

# 88만 원 세대를 위하여

"부유한 오십대여, 파이팅!"이라는 주간지 표지 글이 눈길을 끈다. 내용은 청년기에 통기타와 청바지, 팝송을 들으며 성장한 오십대가 이제 다양한 문화생활을 즐기고 패션을 주도하는 신 소비군으로 떠오르고 있다는 소식이었다. 제목을 본 청년이 "다 가지셨으니 어련히 잘하겠수~" 하고 툭 한마디 던진다. 그의 말대로 지금 오십대는 많은 돈과 시간과 건강을 가진 세대다. 반면 그 자녀 세대는 시간에 쫓기고 늘 불안하다. 안정된 직장을 얻기 힘들고 직장이 있더라도 독립할 집을 마련하기 어렵다. 어릴 적에 갖게 된 소비 수준을 유지하려면 부모에게 기대는 수밖에 없고, 이런 경제적 의존성은 젊은 이들을 나약한 기회주의자로 만들고 있다.

최근 경제학자 우석훈 씨와 신문기자 박권일 씨가 현 시대의 이십대들은 월 88만 원으로 일상을 꾸려 가야 하는 세대라면서 그들의 곤궁한 삶에 대한 논의의 불을 지폈다. "너희는 고생을 모른다."는 말을 듣고 자랐지만 이들 '88만원 세대'는 어린 나이에 IMF 금융 위기 급보를 접하고 암울한 미래의 도래를 일찌감치 감지한 '불안 세대'다. 이들은 1990년대에 대중문화와 인터넷의 주역으로 잠시 부상하였지만, 이후 진행된 신자유주의적 구조 조정에서 가장 배려를 받지 못한 계층이었다. 이들은 "너희는 왜 패기가 없느냐?"는 핀잔을 듣곤 한다. 그런데 불안정한 고용 상황과 끊이지 않는 재난과 소통 불능 상황에서 패기를 부릴 수 있는 사람이 몇이나 있겠는가? 억대 연봉을 버는 청년들은 행복한가? 타고난 낙관주의자거나 그 세대에는 드물게 헝그리 정신을 가진 경우를 제외하고 이들 '잘나가는' 청년들 역시 위장병과 조울증으로 시달리기는 마찬가지다. 좋은 미래가 올 거라는 믿음이 없는 시대에, 생각할 틈도 없이 일해야 하는 자신이 마치 '소모성 건전지' 같다는 것이다.

'잘 팔리는' 인재건, 하루 종일 방안에서 영화와 드라마를 보고 '면식수행'(세끼를 라면으로 해결)하면서 지내는 백수건, 공무원 시험 자료집과 법전 암송 오디오북, 다이어트 비디오를 공짜로 다운로드해 보면서 취업 준비를 하는 반백수건, 또 유럽의 '천유로 세대'건, 일본의 '미니멈 라이프족'이건 이들 청년들에게 미래라는 단어는 거북스럽다. 이들은 부모나 어른 세대의 말을 들어야 돈이 나오는 세상에서 그들의 말에 순종하거나 숨어드는 생활 외에 별다른 선택지가 없다는 것을 알고 있기 때문이다. 그래서 그들은 긴 계획은 세우지 않는다. 하루살이처럼 살아가는 것이 적응력 있는 삶의 방식임을 이미 알고 있다.

이 문제는 부모가 개별적으로 풀 수 있는 문제가 아니다. 이것은 구조적인 문제이며, 이런 상태를 방치할 때 국가는 거대한 '기생 국민'을 떠안는 부담을 안게 된다. 『88만원 세대』레디앙, 2007 저자들은 '청년 존재'에 대한 질문을 진지하게 던지면서 "이십대를 위해서 뭔가를 만들어 내야 한다."고 주장한다. 비슷한 맥락에서 미국에서는 클린턴 정권 때 노동 정책을 담당했던 로버트 라이시 장관이 청년 기금을 마련하자고 제안한 바 있다. 그는 '고용 없는 성장' 정책을 고수할 때 초래될 사회적 파탄을 경고하면서 해결책의 하나로 모든 젊은이가 18세가 될 때 일정한 금융 자본금을 주어서 계속 공부를 하건, 벤처를 하건, 시민 단체에서 일을 하건, 증권이나 채권을 사건, 각자의 생각대로 재투자를 하게 하자고 했다. 국가의 미래를 청년들과 함께 만들어 가자는 것이다.

　'경제 대통령'이니 'CEO 대통령'이니 대선 논의가 분분하다. 개발 독재 시대의 패러다임을 넘어서자는 주장은 지루하고 경제 성장을 해 놓고 보자는 논의는 무지하다. 전문가들은 돌봄과 창의 노동은 후기 근대 경제의 핵심 노동이라고 말한다. 그간 많은 청년들은 인디와 언더 문화, 인터넷과 대안 교육 영역에서 기존 경제학에서는 노동으로 계산되지 않는 돌봄과 소통과 나눔이 가능한 창의 노동을 하면서 사회 곳곳에 생명의 씨앗을 뿌려 왔다. 대통령은 바로 이들의 '비물질 노동'의 잠재력을 인지하고 이를 체제 안으로 끌어들일 수 있는 사람이어야 할 것이다.

　물론, 대통령이 바뀐다고 세상이 크게 바뀌지는 않을 것이다. 무엇보다도 당사자 젊은이들이 더 깊은 늪에 빠져 들기 전에 스스로를 돌보기 시작하면 좋겠다. 대통령 선거에 참여하건, 선후배간 자원을 공유하며 대학 동아리를 부활시키건, 동네에 카페를 차리건, 바리케이드를 치건, 조상이 물려준 물적·비물적 공공재를 챙겨 내기 위해 이제 슬슬 방에서 나와야 할 때가 되지 않았나?

불안은, 정말이지, 영혼을 잠식한다. ☞2007 경향신문

# 집이 아니라
# 마을이
# 필요하다

합리적 이상을 내세우며 유토피아를 건설하려던 때가 있었다. '만인'이 존중받으며 잘사는 사회를 만들겠다며 새 도시와 공장과 관공서와 학교를 만들었다. 봉건적 군주와 가장의 독재로부터 벗어나는 것 자체로 해방의 기쁨이 충만했고, 봉건적 체제에서 풀려난 '자유로운 개인'들은 새로운 진리를 탐구하고 서로를 '계몽'해 가면서, 공동의 목표를 향해 열심히 배우고 노력했다. 미래를 위해 참고 일하면 보람이 있고, 또 보답이 오는 시대였다. 이렇게 '근대 기획'은 4~5세기 동안 지속되어 왔고, 이제 전 인류 역사는 새로운 국면에 접어들었다.

미래 주거는 이 4~5세기에 걸친 근대화 과정에서 형성된, 그래서 지금 우리에게 익숙한 주거 개념과는 좀 다른 주거 개념을 바탕으로 할 것이다. 사실상 후기 근대적 주거 양태는 이미 우리 곁에 바짝 다가와 있지만, '비동시성의 동시성'으로 인해 그 그림을 선명하게 그려 내기는 쉽지 않다. 더구나 미래 사회에 대한 관점의 차이에 따라 그림은 아주 다를 수 있고, 그래서 더욱 핵심을 놓칠 우려가 높다. 그래서 먼저 몇 가지 근대적 특성을 정리해 보면서 후기 근대, 또는 탈근대적 주거에 대해 생각해 보려고 한다.

우리가 살고 있는 '근대'는 인류사상 개체의 독립을 매우 강조한 시대에 속한다. 자본주의 이전의 농경 사회에 태어난 사람은 평생을 친족 집단의 일원으로 같은 마을에 머무는 형태의 삶을 살았다. 근대는 그런 개인을 토지와 전통적 가족/친족/마을 조직에서 '해방'시켰다. 산업 자본주의화와 근대적 국민 국가 형성을 두 축으로 하는 근대 사회에서 사람들은 친족 성원이 아니라 '애국 국민'으로 개체화되었고, 또 '자유 의지'대로 자신의 능력을 파는 '직업인/노동자'로 개체화되었고, 자유 의지로 종교를 선택하고 배우자를 선택하고 살 동네를 선택하는 '시민'으로 개체화되었다. 마을 회관과 교회와 장터와 주거가 가까이 어우러져 있던 중세의 풍경과는 달리, 이 시대는 국민을 양산하는 학교와 관공서, 거대한 공장, 거대한 백화점과 아파트 단지가 중심을 이룬다. 특히 백화점을 중심으로 형성되는 도시의 주거지는 단출한 '부부 중심 핵가족'이 5인승 자가용을 타고 이동하는 동선이기도 하다.

그런데 지금 그 근대 체제가 급격히 해체되고 있다. 국민 국가의 영향력이 줄어들고 대신 글로벌 시장이 주도하는 시대가 왔으며, 공장이 아니라 컴퓨터로 재택근무가 가능한 시대가 왔다. 고실업 불안정 고용 시대가 왔으며, 사회 성원들은 이제 역사의 진보를 꿈꿀 수 없는 쇠퇴기를 살아가게 됨을 알아차리고 있다. 적지 않은 부부가 이혼을 하고, '정상 가족' 안에서도 갈등이 끊이지 않는다. 명실 공히 개체화가 이룩된 사회에서 개인은 모두가 자기 나름의 '신'이고, 소비 시대가 만든 욕망의 주체이며, 너무나 예민한 심리적 존재이기에 소통이 불가능하다. 그래서 바벨탑의 시대가 왔다고 한다. 자녀를 기르는 것, 연애를 하는 것이 갈수록 비싸고 어려워지고, 최소한의 안전망도 없이 살아가는 이들이 늘어나는 추세다. 타인과 공존하는 것이 어려운, 그러나 타인과 공존하고픈 욕망과 필요가 갈수록 높아지는 삶, 미래 주거는 바로 이런 어려운 시대적 삶을 다루어 내야 한다.

그러면 근대의 파탄은 어디서 오는 것인가? 그것은 시장에 의한 교환 경제가 과도하게 커졌기 때문이다. 기본적으로 인간의 경제 사회적 활동은 상호 호혜, 재분배, 그리고 교환에 의해 이루어지는데 건강한 사회는 그 셋이 모두 활발하게 이루어지는 사회다. 그런데 현재 국가 경계마저 허물어 버리고 있는 고도의 글로벌 자본주의 체제는 화폐가 최우선의 자리를 차지하는 방향으로 나아가고 있다. 경제가 압도적 우위를 차지하게 되면서, 돈이 존경, 신뢰, 보살핌 등 모든 의미 있는 자발적 관계와 상호 호혜적 관계를 소멸시켜 버리고 있다. 또한 국가에 의한 재분배 구조에 따라 사회 구성원들의 삶의 질이 달라지는데, 식민지적 근대화에 이어 고도 압축적 경제 성장 과정을 거친 한국 사회에서는 생산적 복지에 대한 고려 없이 하드웨어 중심의 토건 국가를 형성해 왔다. 그런 상황에서 가족 중심의 호혜적 관계가 활성화될 수밖에 없었는데, 최근 급격한 가족 해체 상황에서 그 관계마저 소멸하고 있다. 모든 것이 도구적 합리성, 효율성, 지표, 그리고 '세계 최고' 등의 단어로 계량화되면서 점점 더 사회적 소통의 공간은 줄어들었다.

최근 한국인들이 대단지 아파트로 몰리는 현상은 무엇을 뜻할까? 돈을 벌 수 있는 상품성, 편리하고 세련된 아파트에 살면 저절로 세련된 주민이 된다는 주거관, 경제 수준이 비슷한 사람들끼리 모여 사는 것에서 오는 안정감이 바로 최근에 불고 있는 대단지 아파트 붐의 배경일 것이다. 거대한 울타리를 치고 살지만 실은 서로에 대해 알고 싶지 않고, 알려고도 하지 않는다. 모든 서비스를 화폐로 살 수 있는, 상호 호혜성이 사라진 사회에서 그나마 새 대규모 단지 아파트가 최상의 선택이 된 것이다. 그리고 이는 그간의 한국 사회가 선택한 '토건국가적 개발주의'가 가져온 산물이자 상상력의 상한선이다. 이는 뉴타운 건설 계획에서 가장 자명하게 드러난다. 집값이 오르는 것, 그리고 '실개천'이 흐른다는 것 따위의 물리적 차원의 뉴타운 계획이 여전히 세워지고 있다. 거대한 콘크리트 타운, 그리고 고립된 근대 핵가족을 단위로 한 이 아파트 단지들은 30년, 또는 50년 후 후손들에 의해 어떻게 평가될까? 과학 기술주의, 물량주의, 토건주의에 대해 이들이 어떤 해석을 내릴지 무척 궁금해지는 부분이다.

후기 근대적 상황에서 필요한 것은 경비원이 있는 성벽을 두른 아파트가 아니라 마을이고, 소비를 과시하기 위한 이웃이 아니라 상호 호혜적 관계를 맺어가는 이웃의 형성이다. 인간이라는 생물적 존재의 생존은 기본적으로 소통과 나눔을 통해 이루어져 왔다. 언어를 사용하고 서로를 돌보는 마을을 가지고 협동함으로써 인류는 꽤 오랜 기간 지구상에서 잘 살아왔다. 미래의 주거는 바로 이런 인간 삶의 기본에 대한 감각을 회복하고, '근대주의'를 넘어서서 대안적 미래를 만들어 가는 지점에서 사유되어야 한다.

자생적 근대화를 거친 서구에서는 사실상 '근대적 마을'을 만들어 냈고, 매일 점심시간에 열리는 '농부들의 장터'farmer's market가 바로 그런 마을의 핵심이다. 그러나 국가 주도의 압축 고도성장을 거친 한국 사회의 경우, 핵가족 단위의 아파트촌이 만들어졌을 뿐, 진정한 의미의 마을을 만들어 낸 적이 없다. 한국의 근대적 마을을 들라면 아마도 강남 지역 문화를 들 수 있을 것이나, 그 문화가 지닌 공동체성은 매우 현물적이고 소비 과시적 성격을 지닌다. 다행히 마을을 만들어 보려는 움직임들이 생활협동조합을 중심으로, 공동육아 어린이집을 중심으로, 대안 학교를 중심으로 일기 시작했다. 이와 동시에 새로운 형태의 다양한 주거 양태들이 나타나고 있다. 낙후된 학교에 아이를 보내지 않게 되면서 '가정 학교'들이 생겨났고, 인터넷 쇼핑으로 구태여 장을 보러 갈 필요가 없어지면서 거대 백화점들은 문화 예술 공간화하고 있다. '잘나가는' 벤처 회사 대표나 직원들을 위한 주상 복합 주거들이 늘어나고, 이혼한 한부모, 노인층의 증가로 또 다른 주거 형태들이 생겨나고 있다.

이쯤에서 우리/내가 살고 싶은 주거를 상상해 보자. 나는 마음 맞는 사람들끼리 상부상조하는 동호인 주택을 지으려 한 적이 있다. 그러나 지금은 아니다. 집을 사지 말고 환경을 사라는 말처럼, 나는 요즘 '집'이라는 개념보다 '타운 센터' 개념으로 내가 살 곳을 상상한다. 거대 백화점과 우뚝 솟은 관 주도적 문화 공간이 아니라 마을 주민들이 스스로 만든 학교와 문학 카페와 식당과 소극장과 반찬 가게와 작은 진료소들이 있는 타운 센터 말이다. 노인들이 골목길 이곳저곳에 모여 아이들이 뛰노는 것을 보고 있고, 수시로 물물 교환이 이루어지고, 서로가 잘 알기에 함께 있음으로 안전한 마을, 사람들이 자주 이사를 가지 않고 가게도 자주 망하지 않아 단골이 되는 그런 마을이 후기 근대적 주거의 핵심이어야 한다고 나는 생각한다. 최근 한국의 출산율은 세계에서 바닥을 기록했다. 아이를 낳고 싶은 사회가 아닌 것이다. 지금은 사람들이 아이를 낳고 싶어 하는 '돌봄과 학습이 있는 주거'를 상상할 때다. 그간 서구 사회가 복지$^{welfare}$에서 노동 복지$^{workfare}$를 거쳐 학습 복지$^{learnfare}$를 거쳐 왔다면, 압축적 변동 과정을 거치는 우리는 이 세 가지를 한꺼번에 해야 하는 시점에 있다.

결론적으로 미래의 주거에 대한 이야기는 이제 집과 건축에 대한 이야기가 아니라 사람과 관계에 대한 이야기로 시작되어야 할 것이다. 한두 세기 전부터 친족과 고향을 버리고 국가에 충성하기로 맹세한 익명의 '애국 국민들'을 어떻게 다시 관계의 소중함을 아는 마을 주민,

다양성을 존중하는 지구촌의 주민으로 변신시킬 수 있을까? 자신을 '소모성 건전지'라 부르는 피곤에 찌든 직장인들을 어떻게 의미를 가지고 일할 수 있게 할 것이며, 마을을 위한 다양한 활동들, 주민의 삶에 필요한 가게, 노인들을 돌보는 '느림의 일' 등에 관여하게 할 수 있을까? 소외되지 않은 '일거리 창출'은 어느 정도 규모의 마을에서 가능할까? 욕망의 화신이 되어 버린 수동적 소비자가 스스로 욕망을 조절하는 적극적인 '생비자'가 되기 위해 필요한 마을의 자원은 어떤 것일까? 고도 압축적 근대화 과정에서 앞만 보고 살아온 '산업 역군'들이 스스로의 상처를 치유하고 후기 근대적 시민으로 거듭나기 위해 필요한 공간은 어떤 것일까?

이제 우리 사회는 '토건 국가'에서 '돌봄 사회'로 전향적 선회를 해야 한다. 거대하고 거창한 구호의 시대를 지나, '관계의 소중함'과 '작은 것의 아름다움'을 알아갈 때가 온 것이다. 다양한 사람들과 함께 모여서 노는 것이 곧 많은 창의적 활동으로 이어지는 창조적 공유 지대가 있는 사회 만들기. 나는 그 방법론으로 '작은 마을 학교'와 공동 식탁이 있는 다양한 형태의 공동 주거를 제안한다. 근대적 거대주의에 머물고 있는 이들에게는 불가능한 일로 들리겠지만, 작은 마을 학교와 즐거운 대화가 오가는 공동 식탁들을 중심으로 한 생기 있는 마을들이 후기 근대적 사회를 새롭게 재편할 가능성은 아주 높다. ∮2006 미래주거환경포럼

# 서로 소통하는 '돌봄' 사회로

한때 희망의 기획이었던 '근대 기획'은 최근 급속하게 파국을 맞고 있다. 글로벌 시장이 주도하는 시대가 도래하면서, 국가와 대기업은 점점 부유해지는데 일자리는 없어지고 있다. 그나마 취직한 운 좋은 청년들은 몇 년 지나지 않아 자신이 '소모성 건전지'일 뿐이라는 자각 속에 허탈해한다. 역사의 진보가 아닌 쇠퇴를 경험하고 있는 것이다. 울리히 벡은 이런 '후기 근대'를 '위험 사회'라고 불렀다. '하면 된다'는 시대가 아니라 '할수록 망치는' 시대라는 의미에서다.

그러나 관성은 쉽게 바뀌지 않는다. 그간 물량주의, 효율성, 지표, 세계 최고 등의 단어를 중심으로 건설된 거대 국가와 기업 조직은 이제 '성장 지수'가 아니라 '행복 지수'가 중요하다고 말하긴 하지만 실제로는 기저를 바꾸어 내지 못하고 있다.

무한 경쟁 원리의 신자유주의 시대로 접어들면서 더욱 '도구적 합리성'이 기세를 부리면서 '삶·소통'의 영역을 무력화시키고 있다. 도구적 합리성과 소통 합리성의 불균형을 어떻게 바로잡을 수 있을까?

서울을 '친환경의 메카로 삼겠다'는 오세훈 시장의 선언은 이런 시점에서 아주 반가운 소식이다. 막대한 전기를 사용하는 '청계천 생태 사업'에서 진일보한 사업이라 하겠다. 오 시장은 친환경 에너지 선언을 현실화하기 위해 태양광 발전소와 친환경적 시청사, 그리고 신재생 에너지를 사용하는 '제로 하우스' 등을 건립하고, 2020년을 목표로 서울시 친환경 에너지 기본 계획도 수립할 예정이라고 한다.

그러나 여전히 이 사업 구상에 소프트웨어 차원의 해법은 잘 보이지 않는다. 기술과 돈과 권력은 어디까지나 도구이며, 핵심은 '사람'이다. 환경 친화적 감수성을 가진 사람들을 길러 내는 교육 문화 사업 없이 생태 사업이 성공할 수는 없을 것이다.

예를 들어 생태 평화적으로 잘 조성된 월드컵공원 내에 자연 에너지를 사용하는 텔레토비 동산이나 스머프 마을 같은 작고 아담한 학습 공간이 집처럼 여럿 들어서 있어서, 이곳을 찾는 가족들이 모처럼의 나들이에서 함께 노는 것만으로도 환경 친화적 감수성을 높여 가는 사업은 상상만 해도 즐겁지 않은가? 고도 압축적 근대화를 위해 '돌진하는 삶'을 살아온 산업 역군들이 그간의 피로와 상처를 치유하는 '느림'의 시공간은 또 어떤가?

이산화탄소를 줄인다는 것은 삶의 기본에 대한 감각을 회복하고, 근대주의를 넘어서서 대안적 미래를 만들어 갈 때 가능하다. 사람들이 더불어 사는 게 행복하다고 느낄 수 있는 지속 가능한 성장 사회를 만들고자 한다면 이제는 '선언하고 밀고 짓는 토건 국가'에서 '소통하면서 서로를 살리는 마을을 만드는 돌봄 사회'로 전향적 선회를 해야 한다. 친환경 에너지 도시를 만들겠다면 우선 돌봄, 소통, 학습 같은 개념들과 먼저 친해지기 시작해야 할 것이다. ⓒ 2007 한국일보

미래의
마을
만들기

　　　　근대는 '마을을 버린 사람들'에서 시작해서 '마을을 만드는 사람들'로 끝이 날 것이다. '만물의 영장'인 인간들이 만인 평등한 유토피아를 실현할 수 있을 것이라 믿었던 '합리의 시대'를 살아온 우리는 거대 도시에서 마을에 대한 감각을 잃어버린 채 외톨이로 살아가고 있다. 아파트 평수를 늘리고 재테크를 잘하는 것이 곧 '성공'의 잣대가 되었던 그간의 개발주의 시대는 자신이 위험에 처했을 때 도움을 줄 친구들을 앗아 갔고, 동네 아줌마와 아저씨를 위험인물로 만들어 버렸다. 한가롭게 마을을 서성이는 할머니 할아버지들에게 아이들은 인사를 하지 않는다. 하루의 긴 노동을 끝낸 부부가 아이의 손을 잡고 마실 나갈 일도 없어졌다. 생계 부양자가 왕 노릇을 하는 일종의 작은 왕국인 핵가족에서 그가 벌어 온 돈을 나눠 쓰는 소비 단위가 곧 가족이며, 그들을 가장 확실하게 보호하는 기구는 보험 회사다.

　　호모 사피엔스가 지구상에 살아가면서 가장 먼저 만든 주거 형태는

'집'이 아니었다. 몇몇 가족이 공유하는 화로를 중심으로 한 주거 공간에서 꽤 많은 사람들이 어우러져 살았고, 아이들은 그곳에서 자기 기질과 관심에 맞게, 나이에 따라 여러 사람들과 어울리며 성장했다. 다양한 세대와 성별이 어우러지는 '마을'에는 전담 양육자가 따로 없었다. 그래서 아이가 독점적 어머니에 의해 '스토킹'을 당할 위험도, 애착 결핍증을 앓을 일도 없었다. 인류학자 엘리자베스 토마스가 쓴 소설 『세상의 모든 딸들』을 보면 개개인들이 이합집산하면서 어우러져 사는 마을의 삶이 잘 그려져 있다. 미래의 마을을 상상하기 위해 우리는 이제 소설을 읽고 오래전 삶으로 시간 여행을 떠나야 한다. 정부는 전 국토를 거대한 아파트 단지를 중심으로 재편하려는 정책을 펼치기로 한 것 같다. 안전한 마을이 없는 곳에서 그나마 비슷한 경제 형편의 사람들이 모여 경비원을 고용하고 덜 불안하게 살 수 있는 '마을'이 바로 아파트 단지인 것이다. 이 정도의 대안으로 마을을 만들어 간다고 할 수 있을까? 내가 살고 싶은 마을은 어떤 마을이고 어떻게 만들어질 수 있을까?

최근 서울 도심에 심상찮은 일이 벌어졌다. 갓난아이를 공동으로 키우던 이웃들이 모여 작은 학교를 만들었다. 학교 건물 주변에는 조그만 자전거들이 즐비하다. 학교 골목 어귀에는 '나무그늘'이라는 녹색 간판의 유기농 아이스크림 가게가 있고, 가게에 앉아 있으면 아이들이 지나가면서 인사를 하고 간다. 간혹 속상한 일이 있거나 기분이 울적한 아이는 들어와서 어른들이 사 주는 아이스크림을 얻어먹고 가기도 한다. 길 건너 큰길에는 '동네부엌'이라는 반찬 가게가 있고, 언제든 외상이 가능한 단골 중국집이 있다. 그 옆집은 생맥주 집인데, 아이들이 잠들 만한 열 시가 넘으면 어른들이 삼삼오오 모여 두런두런 이야기꽃을 피우며 하루의 피로를 풀기도 한다. 자동차 수리소인 '차병원'에서 자동차에 관심이 많은 아이들은 견습공이 되기도 하고, '꿈터'라는 택견 도장은 아이들이 어린 동생들을 가르치는 도제 학습장이자 함께 뒹굴며 만화를 보는 놀이방이기도 하다. 학교 수업을 마친 후에도 아이들은 집에 가기 싫으면 학교에서 논다. 방과 후 교실에서 어른들이 요가를 하거나 회의를 하면, 그 옆에서 빈둥거리며 귀동냥을 하기도 한다.

공동육아에서 시작된 이 지역은 이렇게 자연스럽게 마을이 되었고, 마침 구청에서 담장 허물기를 장려하면서 동네 경관이 한결 마을다워졌다. 급격한 저출산·고령화 현상으로 온 나라에 위기감이 고조되고 있지만, 이 마을 주민들에게는 아이 셋 낳는 것이 예사로운 일이다. 부모들이 더 연로해지면, 노부모를 공동으로 돌보는 너싱홈$^{nursing\ home}$도 자연스럽게 만들어 고령화 문제의 해법도 내놓지 않을까 기대를 하게 된다. 인구 10%만 빼고는 모두 도태시키고 말겠다는 치열한 '신자유주의 글로벌 경쟁' 시대이지만, 스스로 마을을 형성한 성미산 자락 주민들은 인류 태초의 마을에서처럼 한결같이, 아이가 생겼으니 셋째를 낳았다면서 천연덕스럽게 마실 다니고, 함께 김장을 하고, 세시 절기에 따라 마을 축제를 즐기며 살아간다.

미래의 마을이란 다른 것이 아니라 아이들이 제대로 자라고, 어른들이 즐겁게 일터에 나가 경제 사회 활동을 신나게 할 수 있고, 노인들이 보살핌을 받는 곳일 것이다. 정부에서 2007년부터 거액의 예산을 들여서 '행복한 마을 만들기' 사업을 하겠다고 한다. 반가운 소식이다. 그러나 마을 만들기가 그렇게 쉽게 될 일인가? '토건 국가' 마인드로 마을을 상상할 때는 무언가를 짓기만 하면 될 것이지만, 마을은 돈이 아니라 사람 간의 관계와 시간의 축적 없이 만들어질 수 없는 것이다. 미래의 주거 논의가 더는 집과 건축에 대한 것이 아니라 '마을 사람'과 '관계'에 대한 이야기에서부터 시작되어야 하는 이유가 여기에 있다.

19세기 공업 도시화의 과정에서 '집'은 일터와 구분되는 험한 바깥세상으로부터의 도피처이자 안식처였다. 된장찌개를 끓이면서 생계 부양자인 '지아비'를 기다리는 사랑하는 아내가 있고, 노후를 책임져 줄 자녀들을 기르는 곳이었다. 그러나 성년이 되어도 준실업 상태에서 살아가는 인구가 더 많아질 것이라는 '고용 없는 성장'의 시대는 매우 다른 형국이 되고 있다. 한 명이 온 식구를 거뜬히 먹여 살릴 수 있는 소수 인재들은 과도한 노동량에 언제 과로사를 할지 모르고 책방에 가면 검정과 핏빛 표지로 절로 위험이 느껴지게 만드는 '위기 코너'와 '자기 계발서 코너'가 호황을 누리고 있다. "신자유주의 시대에 살아남으려면 이렇게 하라."는 계시를 담은 매뉴얼을 읽으면서 사람들은 불안을 달래지만 그 정도로 이 시대의 문제를 풀어내기는 불가능하다. 위기에 대한 예언서로는 20대80 사회를 언급한 마르틴과 슈만의 차분한 분석서 『세계화의 덫』부터 일본의 저널리스트 후지이 겐키가 쓴 『90%가 하류로 전락한다』 등 다수가 있다. 다수의 인구는 맞벌이를 하여도 삶을 꾸리기 힘든 상황이다. 초고속 시장 중심 자본주의가 공동체의 기반을 여지없이 허물고 있는 가운데, 그런 문명의 방향을 바꾸려는 움직임들도 일고 있다. 기존의 저작권 개념에 반대, 새로운 대안을 제시하는 창조적 공유 지대 운동(로렌스 레식의 『자유 문화』와 www.creativecommons.org, www.icommons.org, www.creativecommons.or.kr)부터 지역에 기반을 둔 새로운 기업을 만들어 내는 움직임(스페인의 공동 소유 마을인 몬드라곤 사례나, 직원 절반이 회사의 실질 주인이며 기업 성장의 질과 깊이를 사회적으로 고려해 온 미국의 한 건축 회사 이야기를 담고 있는 『사우스 마운틴 이야기』 등)까지 위기에 처한 인류의 삶을 구해 낼 여러 가지 새로운 시도들이 벌어지고 있다. 그리고 그 시도들의 핵심에는 늘 '마을'이 있다.

최근 정부에서 시도하는 마을 만들기 움직임이 반갑기보다는 위험해 보이는 것은 그 행보가 사실상 우리가 말하는 마을을 만들어 내기보다 그와 멀어지는 마을을 만들 것 같기 때문이다. 그간 한국 사회는 경제 개발을 목표로 국가 주도의 양적 '성장'과 '발전'에 매달려 왔다. 그런 가운데 '토건 국가'적 발상으로 모든 문제를 풀려고 하는 인프라와 관성이 만들어졌고, 마을 만들기 프로젝트도 그 연속선상에서 "국가 예산을 뿌려 만들어 버리면 된다."는 식으로 진행되고 있다. 후기 근대적 상황인 지금은 이제 고속도로와 거대 건물을 지을 때가 아니다. 작은 것에서 행복을 느끼면서 살아가는 '자족적 국민/주민'들이 만들어 낼 작은 공간과 시간들이 확보되어야 한다. '경제 대국'이 아니라 '생활자 대국'이 되어야 하고 생활자들이 오순도순 모여 학습하고 놀고 서로를 돌보는 시공간을 마련해야 하는 것이다. 일본의 경제 저널리스트 오마에 겐이치는 『부의 위기』에서 경제 대국보다는 생활자 대국이 되어야 한다는 표현을 쓰고 있다. GNP 3만 달러가 목표가 아니라 서민들의 삶의 질, 안정성을 위한 개혁이 필요한 것이다. 앞으로는 국민의 세금이 토건 사업이 아니라 사회 주민들이 서로를 돌보고 행복을 가꾸는 소프트웨어 쪽으로 사용되어야 한다.

너무 빨리 고속도로망과 초고속망을 깔면서 삶이 심하게 피폐해졌다는 것은 일상적 삶을 보면 누구나 금방 알게 된다. 그런 도로망을 내느라고 도보 길과 자전거 길이 사라졌고, 이웃도 안전망도 사라졌다. 지금은 자족적 가정도 아니고 자족적 국가도 아닌, 자족적인 마을이 만들어져야 할 시점이다. 그런 마을들을 자전거 길로, 도보 길로 연결하면서 온 나라에 '사람이 호흡하면서 살아가는 속도'의 길이 만들어져야 한다. 이 길을 통해 자기 집과 마을이 답답해진 청소년들은 국토 여행을 떠나고, 낯선 마을 어느 시인의 집에 묵으며 자신과 자신의 시대에 대해 성찰하고 돌아오기도 할 것이다.

이런 마을에서는 자기만의 왕국을 꿈꾸는 가장이나 자기 자녀만의 출세를 계획하는 어머니들이 위험인물이 된다. 첨단 기술과 장치로 무장한 폐쇄적이고 자체 충족적인 집은 젊은 부부들에게 잠시 환상적인 꿈의 공간일 수 있어도 아이들에게는 그렇지 않다. 그런 면에서 텔런트들이 연출해 내는 최근의 아파트 광고는 시대를 역행하는 광고다. 부부는 집을 고를 때 아이들을 위한 마을을 먼저 생각해야 한다. 누가 아이들의 삼촌이 될 수 있으며, 누가 아이들의 아줌마가, 할머니가 되어 줄 수 있을까? 자기는 동네 주민으로서 무엇을 이웃과 나눌 수 있는가를 묻기 시작해야 한다. 실제로 마을의 핵심은 '단골'이다. 아이가 즐겁게 가는 음악 교실이나 작은 도서관, 또는 만화방이나 작은 식당은 동네 주민 중 재주가 있는 분들이 열면 되는 가게들이다. 큰돈을 벌지 않더라도 그 가게를 통해 생계가 유지되고 즐거운 이웃과 함께 호혜적 삶이 이루어진다면 더할 나위 없이 행복해질 수 있다. 생산자와 소비자가 가깝게 만나는 곳이 마을인 것이다. 내 취향에 맞는 옷을 가져다 놓는 옷 가게, 내 입맛에 맞는 반찬 가게가 주말에는 요리 학교가 되기도 하고 김장철에는 함께 김장을 하는 잔치판이 되기도 할 것이다. 아파트촌이라면 아파트 일층에 많은 가게들이 생겨나면 된다. 그런 가게는 바로 고실업 시대에 스스로 일거리를 창출하면서 일과 놀이와 학습과 삶을 연결해 내는 시공간이 될 것이다.

근대에는 가족만 있으면 살 수 있었지만, 후기 근대에는 마을 없이는 삶을 지탱하기 힘들 것이다. 그래서 미래 주거는 마을 만들기에서 시작되는데, 그것은 '위로부터' 이루어질 수 없는 프로젝트다. 국민을 외국으로 떠나보내지 않는 국가가 되려면 대한민국 정부는 '아래로부터의 움직임'들을 세심하게 살피면서 마을 만들기의 기본을 이루는 '돌봄'과 '평생 학습'의 시공간들을 지원하고 북돋아 가야 할 것이다. *2007 건축

# '주제'와 '주민'이 있는 축제

1960년대 이후 급속한 경제 개발에 들어간 한국 사회에는 축제가 열리지 않았다. 가난에서 벗어나 보려는 열망에 가득했던 국민들은 머리띠와 허리띠를 졸라매고 입시 공부에, 또 돈벌이에 몰입해 있었다. 공동체적 축제는 사라지고 토건적 근대화 프로젝트가 군사 작전처럼 진행되고 있었다. 축제 없는 사회가 얼마나 오래 존속할 수 있을까?

1981년 한국 사회에 다시 축제가 열리기 시작했다. '국풍'이라는 이름의 축제는 1980년 5·18 광주 학살로 분열된 얼룩진 나라를 '신명'으로 화합해 보겠다는 거국적 축제였다. 기획자들은 '전통'의 이름으로 새로운 상징과 축제의 양식을 '제조'했고, 새마을 운동 이후 그러한 '정치적 동원'에 익숙한 주민들은 새롭게 기획된 '전통 민간 축제'에 적극 참석했다. 중앙의 전문가들과 기획사가 총동원된 화려하고 거대한 축제에 눌려 '진짜 전통적 축제'는 급격하게 설 자리를 잃어 갔다.

외부 전문가들에 의해 '재창출'된 '전통'은 중요 무형 문화재나 유네스코 지정 세계유산으로 등록되면서 해마다 거금의 국고를 쓰는 축제로 자리를 잡았다.

그런데 그런 축제에는 종합 계획을 수립하여 매년 예산을 타 내는 '주최 집단'과, 그들이 돈을 지불하는 기획사와 홍보 회사는 있지만, 주민들은 보이지 않는다. 거대한 축제 판을 벌이지만 지역의 경제를 살릴 만한 관광객은 몰려오지 않았고, 다음해의 축제를 가슴 설레며 기다리는 주민들도 만들어지지 않았다. 홈페이지에 들어가 보면 올라와 있는 동영상은 흩날리는 깃발과 널뛰는 사진, 또는 폭죽 동영상이 고작이다. 이런 한계를 알아차린 지방 자치체에서 고안해 낸 '발전'된 축제는 미인 대회의 수정본인 감귤 아가씨, 고추 아가씨 선발 대회와 전국의 유명 연예인을 초대한 축제들이다. 정말 이래도 되는 것일까? '위에서 제조한' 축제로 시작한 근대 한국 사회의 축제 문화는 이야기가 없는 축제, 주민이 없는 축제, '밑 빠진 독에 물 붓기' 사업으로 낙착을 보고 있는 것이다. 비슷한 맥락에서 글로벌 축제 유치를 통해 만들어 가려는 축제 문화는 대한민국의 축제 문화의 자생력을 더욱 허약하게 만들었다. 1986년 아시안게임 이후 1988년 올림픽 유치에서 2002년 월드컵에 이르기까지 한국 주민들을 위한 축제는 세계의 장을 빌려 온 것이었다. 문광부와 외교부가 총력을 기울인 평창 동계 올림픽 유치가 성공하지 못했고 앞으로도 이런 행사는 한국을 추월할 중국을 포함한 나라들에 양보를 해야 할 듯한데 한국의 축제 문화는 어떻게 될 것인가?

포기 상태에 있던 내게 2006년 봄 꿈같은 두 번의 축제가 날아들었다. 하나는 6월 10일에 열린 서울 마포구 성미산마을 축제이고 다른 하나는 7월 5~6일 김해에서 열린 허황옥 실버 문화 축제였다. 그 축제에서 나는 일상성을 벗어난 놀이 인간의 마당을 보았고, 그 일상성에서 이탈한 순간의 축제를 통해 다시 건강한 에너지와 공동체성을 회복하는 주민들을 만날 수 있었다. 주민이 없는 개발 국가에서, 이사를 다니는 것이 일상화된 토건 국가에서 어떻게 이런 기적 같은 일이 벌어졌을까? 알아보니 기적은 물론 하루아침에 일어난 것이 아니었다.

성미산마을 축제는 이사를 가지 않는 도심의 주민들이 십여 년에 걸쳐 이룬 성과였다. '마을'에서 안전하게, 그리고 추억을 가진 자녀를 키우겠다고 마음먹은 사람들은 전세를 내서 '공동육아방'을 만들고, 아이들의 건강한 먹거리를 위해 생활협동조합을 만들었으며, 뒷동산에 고층 아파트를 지으려는 '개발'을 막아 냈다. 이곳에는 바쁜 부모들을 위한 '동네부엌'이라는 반찬 가게와 자동차 수리 가게, 동네 형들이 존경하는 사부가 운영하는 택견 도장과 만화방도 있다. 그간 관과 마찰을 빚어 온 이 마을 주민들이 최근 정부가 추진하는 '마을 만들기' 프로젝트 덕분에 관과 화해를 하고 이틀간 차 없는 거리에서 제대로 된 마을 축제의 모델을 선보여 주었다. 주민들이 즐겁게 모여 마을을 위해 창의적인 발상을 하고 다음 세대의 삶을 위해 뭔가를 도모하는 축제, 기획사에 의해 기획되고 진행되지 않는, 동원된 주민이 없는 '근대적 축제'가 드디어 주민이 만들어진 마을에서 이루어졌던 것이다. 그것은 엄밀하게 말하면 기적이 아니라 쌓아 온 애정의 산물이었다.

유치원 아이들의 발레와 재롱, 초등생들의 택견, 사춘기 청소년들의 힙합, 어머니와 아버지들의 공연, 지역 목수 아저씨들의 작업실, 대안 학교 교사와 아이들이 운영하는 유기농 아이스크림 집, 친환경 먹을거리 장터⋯ 거리 곳곳에서 세대 간, 남녀 간, 그 외 다양한 사람들 간의 자연스런 어울림의 장을 벌인 후, 축제 위원장 유창복 씨는 그 감격을 이렇게 썼다. "구경꾼이 아니라, 축제의 한복판에서 그 열정을 내뿜고, 관객(동네 사람)들의 반응을 온몸으로 맞아 내는 것, 두 달간 함께 써내려 간 '드라마'를 무대 위에서의 몰입과 무대 아래에서의 환호 속에 불살라 버리는 것, 이것이 진정한 '축제 참여'일 거라 짐작해 봅니다. 이로써 성미산마을 축제는 앞으로도 몇 십 년, 아니 몇 백 년 동안 지속되기 위해 갖추어야 할 조건을 두 가지 ― 상징성과 일상성 ― 를 모두 갖춘 셈입니다."

주민들의 자발성과 창조성과 헌신성을 기반으로 한 이틀간의 이 작은 축제는 분명 마을 주민들이 스스로 안전과 행복을 가져오는 상부상조의 문화를 만들어 내는 확실한 거름이 되었을 것이다. 마을의 대안 학교를 포함한 다양한 배움터를 활성화하고 작은 가게들을 살려내고 삶의 질을 높인 이 사건은 주민들이 쌓아 온 역사가 있었기에 가능한 것이었다.

7월 5일에 김해에서 '성 인지 워크숍'의 일환으로 기획된 「가야 여왕 허황옥을 만나다」는 좀 다른 역사를 가지고 있다. '서로를 살리고 지역을 살리려는' 열망으로 십여 년 동안 활동해 온 김해 지역 여성들이 만들어 낸 축제였다. 김해여성복지회를 중심으로 모인 여성들이 서기 48년 먼 인도 아유타국에서 와서 김수로왕의 부인이 된 허황후를 천 년이 지난 지금에 다시 만나는 축제였다. 전국에서 공무원들과 교감 선생님, 그리고 사회 활동에 참여하는 주부들 백여 명이 모인 축제였다. 허황후 능의 연희에서 시작한 기행은 구지가가 나온 구지봉에서 삼국 시대 이전의 역사를 상상하는 자리로 이어졌고, 땅과 조화를 이룬 고분박물관을 둘러보고 그것을 지은 분의 이야기를 들었다. 이어서 너무나 훌륭해서 지역 주민들이 별로 찾지 않는 클레이아크 건축 도자 전문 미술관에서 아프리카 흙 건축 특별전을 보고, 그 마당에 펼쳐진 즉석 파티장에서 허황후가 좋아했다는 빨강색 드레스 코드에 맞추어 치장한 참여자들이 구경꾼이 아닌 참여자로 가무를 즐기는 시간을 가졌다. 한옥 체험 마을로 이동하며 한옥에 자리를 푼 참여자들은 다음 날 꽃 이름으로 한국사를 다시 생각해 보는 자리, 그리고 '양성평등 문화 만들기' 워크숍에 참여했다. 비구니 스님들이 만든 사찰 음식을 나눈 후 영화 「달마야 놀자」로 유명해진 은하사를 돌아보았다.

  참여자들은 아주 많은 것을 배웠고 많은 에너지를 재충전해 갈 수 있다면서 흡족해했다. 1박2일 일정에 필요한 사소한 것들까지 세심하게 챙겨지고 보살펴진 이 기행에서 내가 확인한 것은 "주민이 있고, 이야기가 있고, 초대된 손님이 즐거운" 지역 축제가 가능하다는 것이었다. 무엇보다 중요한 것은 수준 높은 지역 주민들의 안목과 기획에 의해 지역에 걸맞지 않게 만들어진 공간들이 되살려지고 있었으며 — 김해 클레이아크는 앞으로 이런 여행자들을 위한 축제만이 아니라 근처 주민들의 아름다운 결혼식과 회갑연 등의 축제 장소로 활용될 것이다. — 참여한 지역 여성들이 대단한 지역 축제의 기획자들로 성장하고 있었다. 이 축제는 다시 가지를 쳐서 평생 학습을 위한 생태 학교로, 인도 아유타국의 후예와 허황후의 딸이 건너간 일본의 묘견 마츠리(축제)와 연결되면서 아시아의 축제로, 새로운 글로벌 시대의 축제로 태어날 고리를 만들어 내고 있다. 기행 갈 곳을 애타게 찾던 홍콩의 교사, 교육 담당자는 아마도 이런 축제를 보면 날듯 반가워하지 않을까?

결론은, 문화가 있는 나라가 흥하고 그런 나라를 만들려면 국가의 세금은 기획력 있는 주민 모임을 발굴하고 그들에게 투자하는 데 쓰여야 한다는 말이다. 텔레비전 인기 드라마 「주몽」과 「대조영」에 이어 인도에서 온 가야 왕국의 이야기가 준비되고 있다. 그 드라마를 보고 가야 왕국을 보러 오는 글로벌 주민들을 맞을 준비는 되어 있는가? 물론 걱정이 없다. 오랫동안 허황옥을 만나는 준비를 해 온 '주민들'이 있고, 지역 축제를 위해 잔뼈가 굵은 기획자들이 그 지역에서 활동하고 있으므로.

문화는 하루아침에 만들어지는 것이 아니고 위에서 '육성'해 낼 수 있는 것도 아니다. 산업에 방점이 찍힌 문화 산업이 문화를 더욱 피폐

하게 만들고, 산업에 방점이 찍힌 창의 산업은 창의력을 더욱 빨리 소진시키고 있어 걱정이다. 문화관광부가 할 일은 문화 산업에서 문화에 방점을 찍고, 창의 산업에서 창의에 방점을 찍는 일이다. 구체적으로 문화적인 주민, 창의적인 주민이 벌이는 지역 축제를 찾아내고 그들을 글로벌 시대의 축제로 키워 가는 것, 그를 통해 또한 지역 경제를 살려 내도록 지원하는 일일 것이다. '주민'과 주인이 있는 '살림'의 축제들을 연결하면서 '네트워크의 네트워크'를 해내고 전 지구적 흐름과 접속하는 것, 이것이 글로벌 시대에 국가가 주력 사업으로 삼아야 할 작업들이다. *2006*

# 용산공원, 살림의 시공간으로 되살리려면

지난 6월 22일 국회에서 '용산공원 조성 특별법'이 통과되었다. 건설교통위원회의 제안으로 통과된 이번 '용산공원 조성 특별법'에는 "국가는 본체 부지 전체를 용산공원으로 조성하는 것을 원칙으로 하며 본체 부지를 공원 외의 목적으로 용도 변경하거나 매각 등의 처분을 하여서는 아니 된다."는 조항이 들어 있다. 서울 도심부의 80여만 평이 '개발'이 아니라 온전히 시민들을 위해 존재할 수 있는 근거가 마련된 것이며, 이는 점점 피폐해지고 있는 서울 주민들에게는 '구원의 소식'이 아닐 수 없다.

150여 년 전 뉴욕에 센트럴파크가 만들어질 때, 제안자들은 "지금 이만한 넓이의 공원을 만들지 않으면 100년 후 뉴욕은 그만한 넓이의 정신 병원이 필요할 것"이라며 정부와 시민들을 설득했다고 한다. 실제 공원다운 공원이 없는 거대 도시 서울에서 최근 경제 위기가 겹치면서 '정신병자' 수는 기하급수로 늘어나고 있다. 다행히 용산 기지를 생태 공원으로 하는 데는 합의한 것으로 보인다. 그 부지를 어떻게 제대로 된 '살림의 시공간'으로 만들어서 '정신병자'의 수를 줄이고 자연과 삶을 회복해 낼지를 두고 논의를 본격화해야 할 때다.

사실 용산 부지를 어떻게 할 것인지에 대한 방향성 논의는 상당한 수준으로 진행되어 왔다. 2004년 8월 『문화우리』 인터뷰 기사에서 정기용 씨는 "이 땅의 주제는 '회복'이다. 바로 주권과 자연, 문화의 회복이다. 특별법을 제정해 앞으로 50년 정도 개발 명목으론 사용할 수 없도록 하자."고 말하면서 그간 '개발 토건 국가'에서 해 온 방식과 단절할 것을 역설했다. 건축가인 승효상 씨 역시 그 점을 염려하면서 '역사성'의 중요성을 이렇게 역설했다. "민족이나 국가로 지나치게 확대하지 말고 서울과 용산이라는 문제로 바라보자. 용산과 남산, 한강으로 이어지는 자연 축과 미군, 일본군, 조선 시대 등 역사와 문화의 흔적이 쌓인 곳이란 시각으로 보자. 일본군과 미군이 주둔한 역사도 그 흔적의 일부이므로 부정하지 말자." 나는 지금 시대에 시민의 품으로 돌아온 용산의 땅은 '회복'과 '상생'의 시공간으로 거듭나야 한다고 생각한다.

그러기 위해 세 가지 원리가 중시되어야 할 것인데, 그것은 '탈근대성', '역사성', '생태주의'다. 여기서 탈근대는 스스로 만물의 영장이라 칭하면서 자연을 정복하고 파괴했던 근대와의 결별을 의미한다. 인간 스스로가 신이 되어 거대 권력을 신봉하게 된 '죽임'의 시대인 근대를 지나, 작은 생명이 곧 지구의 생명과 연결이 되어 있음을 알게 되는

'살림'의 시대로 들어서야 하는 것이다. 인간이 자연의 일부로서 회복되는 과정이 곧 용산의 작은 땅이 변신하는 과정이어야 한다. 여기에 건축물이 들어선다면 그것은 '작은 것이 아름답다'는 것을 깨닫게 하는 것이어야 한다.

두 번째로 삶의 흔적과 질감을 느낄 수 있는 역사성이 핵심 원리가 되어야 할 것이다. '새로운 것'을 끊임없이 생산해서 팔아야 하는 자본주의 체제는 모든 것을 획일화하고 있다. 세계적 공항들이 똑같고 세계적 도시들이 판박이가 된 것도 바로 이윤을 극대화하는 과정에서 생긴 일이다. 이런 획일 사회에서 질식할 것 같은 사람들이 늘어나고 있고 이들은 시간의 때가 묻어 있는 곳을 그리워하기 시작했다. 역사성이 중요한 것은 '민족의 영원함' 때문이 아니라 '삶의 숨결'을 느낄 수 있기 때문이다. 민족기념관은 전통을 박제화하는 것이 아니라 시간을 느낄 수 있는 곳이어야 한다. 그런 면에서 용산공원에 가서 상고시대로부터 조선 시대, 일제 강점기의 흔적, 그리고 미군들의 흔적을 느낄 수 있으면 좋다. 다양한 역사성을 느낄 수 있는 곳이 되기 위해서 '새것'은 짓지 않아야 한다. 헌것을 그대로 두고 재생시킨다는 것이 이 공원 조성의 두 번째 원리가 되어야 한다.

세 번째 원리로, 나는 생태주의가 좀 더 강조되기를 바란다. 인류는 스스로의 지력으로 스스로를 파멸시키고 있는 중이지만, 호모 사피엔스 특유의 상상력과 사회성으로 계속 노력을 해야 할 것이다. 나는 이 공원이 '후기 근대적인 생산성'이 무엇인지를 체득한 사람들의 실험

작업들이 벌어지는 곳이기를 바라고 있다. 독일 프라이부르크의 에너지 제로 하우스 같은 구조물이나, '친환경'과 '대체·재생 에너지'에 대한 시민적 참여를 이끌어 낼 체험의 집도 좋고, 축제를 벌일 수 있으면 좋을 것이다. 삶 자체가 친환경적이어서 이런 일을 벌이는 것이 삶의 과정인 과학자와 아티스트들이 모여 사는 작업장도 있어야 할 것이다. '지속 가능한 삶'이 위협받는 시대를 지혜롭게 극복할 상상력과 돌봄의 감성, 그리고 네트워크 능력을 가진 주민들이 후손들을 위해 뭔가를 하는 곳, 아직 후손들의 상상력을 기다리는 빈터가 남아 있는 곳, 용산 미군 기지는 바로 그런 곳으로 남아야 할 것이다.

그간 정부의 공공 프로젝트들을 보면 이것이냐 저것이냐를 두고 '힘겨루기식 논쟁'에 에너지를 쏟다가 돈을 써야 하는 막판에 가면 사기성이 농후한 토건업자들이 판을 휩쓸어 버리는 식으로 끝이 나곤 했다. 다양한 삶들이 마주치는 공공의 장소, 역사가 느껴지는 이런 시공간은 '토건 국가적' 발상으로는 만들어질 수 없다. 용산공원에 대한 토론은 그래서 토건 국가적 방법으로 일하지 않기로 합의를 보는 것에서부터 시작되어야 할 것이다. *2007 함께사는 길*

# 피스 앤
## 그린 보트
### 마을에서

2006년 여름, 환경재단 측에서 보낸 피스 보트 크루즈에 참여하겠냐는 메일을 받았을 때는 미국에 있는 친구가 태평양 연안이나 타이티 등으로 크루즈 여행을 가자고 해서 크루즈에 호기심을 막 갖게 된 때였다. 미국 유학 시절 등산 친구였던 그 활달한 친구는 사는 것이 너무 번잡해져서 인터넷 연결이 안 된 배 안에서 망막한 지평선을 보면서 잘 먹고 운동하고 선상의 음악회나 파티에 가면서 좀 다른 시공간에서 지낼 수 있는 크루즈 여행이 가장 좋은 휴가법이라고 했다. 막상 갇혀 있는데 재미가 없거나 멀미가 나면 어떡하지… 이런저런 생각을 하던 차에 피스 보트 이야기가 나왔다. 피스 보트에는 일본과 한국의 시민 사회 사람들이 탄다고 했는데, 그 말에 마음이 동했다. 어쩌면 그 선상에서 지낼 15일은 아주 특별한 '자율 공간'을 만들어 내고 있을지 모른다는 상상을 하게 되었기 때문이다.

그간 한국과 일본의 페미니스트들 간의 만남, 그리고 아시아 문화 연구자들 모임을 통해 나는 늘 한국과 일본 참가자들이 만날 듯하면서 엇나가고 마는 것 같아 안타까웠다. 서로에게서 아주 많은 것을 배울 수 있고 상호 보완적일 수가 있는데 그 지점에 도달하기 전에 둘은 서로 재미없어하면서 돌아서는 일이 많았다. 사실, 나도 처음 일본에 갔을 때 정말 재미가 없는 동네라고 생각했다. 십여 년 전 일본 페미니스트 운동 현장을 돌아본 후 친구인 우에노 치즈코 교수가 주관한 세미나에서 내 감상을 이야기하게 되었는데, 나는 한국의 여성 운동과 사회 운동은 거대한 변혁 과제를 다루는데 일본은 아주 작은 주제를 가지고 자기들끼리 운동을 한다고 실망스럽다는 듯 말했더니 그녀는 내 '통찰력'을 한마디로 묵살했다. 일본도 십여 년 전에는 한국처럼 거창한 과제로 거국적 운동을 했다는 것이다. 그 차이는 한국과 일본의 차이가 아니라 근대화의 과정으로 풀어야 하는 것이라고 했는데, 당시 그 말에 기분이 언짢았지만 일리가 있는 말이기도 했다.

전쟁에 패한 1945년부터 일본은 우익들이 처벌을 받고 사회주의자들이 지적 생산의 중심이 되었다. 노동 운동, 인권 운동, 교육 운동이 활발하게 일었는데 1980년대 후반에는 사회 운동이 한 사이클을 돈 듯 힘이 빠져 갔다. 반면 한국은 해방 후 사회주의 책을 읽기만 해도 다 잡혀가는 세상이었다가 1980년대에 들어서서야 자본주의 분석과 가부장제에 대한 논의를 할 수 있게 되고, 단시일 안에 대중적 변혁 운동을 일으키게 된다. 이런 역사적 과정의 차이로 인해 일본과 한국의 시민운동가들은 막상 만나면 서로 다른 일을 도모하고 있고, 그래서 생각보다 서로 나눌 이야기가 없다. 피스 앤 그린 보트에서는 어떤 시민들이 와서 15일 동안 갇혀서 무엇을 하면서 놀까? 갑자기 호기심이 일어서 나는 남편을 '꼬드겨' 베트남 하롱베이에서 합류하는 식으로 일정을 조절했다.

열흘간의 선상 생활, 한국과 일본의 시민들이 만들어 낸 일시적 마을에서는 어떤 일이 일어났을까? 나는 간호사 출신의 씩씩한 육십대 여자분을 중심으로 살롱 한구석에 진을 친 바느질 팀에 끼어서 주로 놀았다. 엠비시 라디오의 서현숙 피디와 함께 죽치고 앉아서 동전 지갑을 만들었고, 이어서 퀼트를 하자고 졸랐다. 잠시 필리핀 수빅 미군 기지를 다녀오고 석면이 노출된 위험한 동네에 사는 아이들과 만나면서 미군이 점령한 아시아, 그들이 빠져나간 아시아의 모습을 생생하게 보게 되었다. 또 그 연안의 파고로 며칠을 멀미를 했지만, 그런 가운데서도 한국의 사회 운동 영역의 대가들이 선상에서 맥주를 마시며 밤마다 연 대책 회의에도 나가 보았고, 일본의 양심적 시민들이 기획한 크리스마스이브 피아노 콘서트에도 갔다. 피아노 콘서트의 주인공은 지문 날인을 거부하며 오랜 투쟁을 했던 재일조선인 최선애 씨였다.

나는 김용택 시인과 그 '일당' 덕치초등학교 아이들이 일본의 한 아저씨한테서 동물에 관해 배우는 생태 교실도 참관했고, 은퇴한 공무원 출신 할아버지가 '자주 기획'한 ― 여기서는 자주 기획 프로그램이 많다. 그리고 자주 기획 프로그램에 사람들이 상당히 몰린다 ― 「웃으면 건강해진다」, 「해바라기가 북쪽을 향해 꽃을 피우는 이유」 같은 특강 근처에서도 얼씬거려 보았다. 소설가 은희경 씨가 기획한 소설가들의 이야기 잔치에도 가 보았고, 이런저런 보기 드문 다큐멘터리 영화를 선상의 극장에서 볼 수 있었다. 사진작가 이창현, 조대연 교수와 조교들이 차린 '마을 사진관'에는 정성스럽게 치장을 한 손님들이 줄을 이어서 금방 주민들 사진들로 마을이 화려하게 꾸며지기도 했다. 무엇보다 청년들이 모여서 가장 신나게 놀던 '아시아 비트' 팀은 국경이 없는 모임이었다. 몸으로 만난다는 것이 중요하다!

바다가 환히 보이는 사우나 목욕탕에도 아침저녁 갔는데, 파고가 센 날은 욕탕 물이 넘쳐서 문을 닫을 수밖에 없었다. 어쨌든 개인적으로 나는 이번 선상의 마을 생활을 통해 느림을 즐기는 사람들과 있으면서 제대로 휴식을 취했다. 그들의 정확함과 조용함이 마음에 들었다. 사실상 지금 초고속 압축 성장을 하면서 달려온 한국인들에게는 그들의 조용함이 주는 위로가 필요하다. 내가 후다닥 동전 지갑을 만들어 내니까 '신칸센'이라고 놀리던 일본 초로의 아줌마들이 그렇게 정겨울 수 없었다. 참고로 나는 일본말을 하나도 못하지만 불편함을 몰랐다.

대나무로 정교한 팔랑개비를 깎던 할아버지 곁에서 팔랑개비를 깎아 보지 못한 것, 저글링 세계 챔피언이라는 교포 김창행 씨의 저글링 수업을 받지 못한 것, 지하실의 보건소장 ― 그는 좀 삭막한 표정을 한 일본 영화배우 같은 표정을 가진 여성으로 영어도 잘했고 이 배를 단골로 타는데, 멀미라는 것을 모른다고 했다 ― 과 충분히 친해지지 못한 것이 못내 아쉽지만, 어쨌건 나는 목적한 바, 한국과 일본의 시민 사회적 만남이 어떻게 이루어지고 있는지 충분히 관찰할 수 있었고, 한일 시민들 사이의 차이와, 그 차이에도 불구하고, 아니 바로 그 차이를 인정하기 때문에 가능했던 '평화로운 공존'의 질서를 만끽했다.

한국 팀은 참가자의 나이, 특히 초등학생들의 참여가 말해 주듯, 에너지가 넘쳐나는 동네였다. '미완의 근대적 프로젝트'를 수행해야 하므로 한국의 시민운동가들은 여전히 성급하고 다이내믹하고 욕심이 많다. 이에 비해 은퇴한 인구가 대부분인 일본의 경우, 후기 근대적 느림의 미학과 만나게 된다. "천천해 가자, 아무리 발버둥 쳐도 거기가 거기고, 그러니 할 수 있는 만큼 즐겁게 가고 서로를 배려하면서 가자, 지속 가능한 생존을 해내면서." 대략 이런 분위기다. 한국과 일본에서 온 이들은 실은 이렇게 따로 놀았다. 그들은 각자 기획을 했고 각자 기획한 것에서 서로 별로 섞이지도 않았다. 그들은 따로 놀면서 아주 조금씩 가까워지고 있었다.

특히 재일 조선인들을 한일의 매개자로 한 것도 돋보이는 부분이다. 대한민국 국가의 국민적 정체성이 강할 수밖에 없는 삶을 살아온 '대표 시민'들과 일본 국가의 국민적 정체성이 강할 수밖에 없는 '대표 시민'들, 그 중간에 한국어와 일본어를 모국어처럼 구사하는 젊은이들, 그리고 재일 조선인들이 제3의 시공간을 만들어 내고 있었다. 내가 기대를 거는 것은 이 제3의 시공간이다. 이들이 자라는 데는 얼마의 시간이 필요할까? 우리 성급한 한국의 시민 사회 어른들은 그들이 충분히 그 공간을 키워 갈 수 있게 기다려 줄 수 있을까? 한일 통역팀과 기획단은 놀랄 정도로 착실하게, 또 즐기면서 일하고 있었는데 나는 그런 일꾼들을 기르고 그들 간에 네트워킹을 할 수 있게 한 것 자체로도 피스 앤 그린 보트는 충분히 가치 있는 프로젝트라 생각한다. 실로 나는 한국과 일본인들이 피해자와 가해자 의식 없이 지낼 수 있는 공간에 있었다는 것에 자부심을 느낀다. 피스 보트는 그런 면에서 아주 훌륭한 미래를 만들어 가는 시민 사회적 프로젝트의 모델인 것이다.

  20년 전 의식 있는 일본 청년들이 일본이 자행한 폭력을 평화로 바꾸어 보려는 노력에서 '피스' 보트를 시작했고, 한국의 의식 있는 청년들이 2년 전에 아시아의 '환경 문제'를 염려하면서 이에 합류하면서 '피스 앤 그린 보트'라는 긴 이름을 갖게 된 것 같다. 그 이름에서부터 역사성이 보이지 않는가? 멀미 걱정만 없다면 나는 다음 크루즈에도 참여하고 싶다. 글로벌 시대에, 한국과 일본의 고질적 애증 관계를 전혀 다른 어떤 것으로 변형시켜 내는 실험에 계속 참여하고 싶은 것이다. 게다가 요즘 우리는 부쩍 어딘가에 정을 붙이고 싶어지지 않는가? 피스 보트는 이제 20년의 역사와 노하우를 가진 팀이고 단골손님도 적지 않다. 피스 앤 그린 보트의 단골들이 많아지면 좋겠고 나도 그 임시 마을의 단골이 되어 볼까 한다. ♂2006 환경재단

# 추석 속으로:
## '우리 마을'
## 명절 만들기

1999년 추석: 아이들과 저녁 식사 후에 어슬렁거리고 싶은 마음이 생겨 인사동에 갔었다. 우리처럼 어슬렁거리려고 나온 사람들이 간간이 보였지만, 인사동에 문을 연 가게는 하나도 없었고 노점상조차 없었다. 외국에서 온 사람들, 가족 없는 사람들은 한가위에 어디서 노나… 우리는 이런 이야기를 하면서 집으로 돌아왔다.

2000년 추석: 제1회 안티 미스 코리아 페스티벌을 주관했던 재기 발랄한 기획자 변리나, 박혜경, 장혜정 씨가 기업 후원을 받아서 「엄마도 즐거운 명절」이라는 테이프를 만들어 고속도로 입구에서 고향 가는 가족들에게 나누어 주었다고 했다. "치맛자락 휘날리며 가족들을 깨우는 은실네 아줌마 은실네 멍멍이도 어김없이 짖어대고 어제 저녁 입었던 치마폭엔 김칫국 국물이 빨갛게 묻어 있네, 은실아 일어나 은실아 일어나 은실아 일어나 은실아 일어나 (반복)…"「일어나」라는 제목을 가진 이런 흥겨운 노래나 "그래 그래 이제 그만 그래 그래 이젠 그만, 해도 해도 끝이 없어, 그래 그래 이젠 그만"이라는 「짜증이 나」라는 제목의 노래도 있고, 탤런트 전원주 씨가 내레이션을 맡았다. 그 프로젝트는 대단히 기발하고 훌륭한 작업이었는데, 기획팀은 생각만큼 효과를 거두지 못했다고 했다.

2001년 추석: 추석이 가까워 오던 어느 날 변러나 팀과 우연히 만난 나는 인사동에서 거리 축제를 해 보자고 제안했다. 최소한의 준비로 인사동에서 얼쩡거리는 사람들과 놀아 보기로 한 것. 콘셉트는 설거지 않고 나오기, 부모 성 함께 쓰는 사람들, 갈 고향이 너무 먼 외국인들이나 북에서 온 분들 등등. 종로경찰서에 가서 장소 허가를 받았고, 배상면 주가에서는 술을 보내 주기로 했다. 우리는 각자 돈으로 음료, 약간의 마른안주와 전 부칠 거리를 장만했다. 그리고는 이메일을 돌려 공연이든 놀러든 오라고 하고 당일에 인사동에서 어슬렁거리면서 진을 쳤는데, 그때 진 친 곳은 학고재 앞. 남이가 '하자' 아이들과 '소원 빌기'를 했는데, 엄청 인기가 있었다. 미술가이면서 펑크 록커인 황보령이 그의 히트곡 「숨 쉬기가 힘들어」를 불렀고, 홍아가 퍼포먼스를 했고, 아웅크가 음악을 틀고 불꽃놀이를 주도했다. 또 하나의 문화 캠프를 했던 친구들이 「룰랄레 룰랄레…」와 강강술래를 했던 것 같다. 사람들은 왜 행복한지는 모르겠지만 아주 행복했다며 돌아갔다. 한 아저씨는 거의 울 것처럼 행복해했다. 모두가 존재하는 것 자체로 좋은 그런 시공간이 연출되어서였을 것이다. 일시적 자율 공간!

2002년 추석: 추석이 9월 21일인데, 18일 밤 1시에 이메일을 받았다. 작년 인사동 달맞이 모임에 왔던 '표'가 보내온 메일이다. 표는 대학생인데 고등학교 때부터 두발 자율 운동 등을 주도한 시민 사회적 활동가다.

Subject: 축제의 밤! 그 실험은?
조한! 안녕하세요. 달뜨면~~ 슬슬 모이는 축제! 올해도 계속 되나요?

작년 초대 카드를 찾아서 첨부한 이메일이었는데, 나는 곧 리나, 하자의 히옥스와 남이와 접속했다. 당장 하자고들 한다. (순발력 있는 사람들과 일하는 것의 즐거움!)

Subject: RE: 축제의 밤! 그 실험은?
그날 7시부터 하기로 했다네.
포스터를 빨리 만들어야 하겠군.
"달 뜨면~~ 슬슬 모이는 축제" 이름이 좋다.
포스터를 한번 만들어 볼 수 있어?

남이가 장소를 물어 왔고, 순발력 '짱'인 표가 새로 만든 초대장을 보내

왔다. 니나 님이 장소를 물색했고, 종로경찰서에 보고도 끝냈다고 한다. 장소는 종로 쪽 인사동 초입에 대나무 숲이 있는 새로 만든 공원. 꽤 아담한 공원이라는데 문제는 날씨. 달이 안 뜨면 술이나 공연은 없는 걸로 해야죠?

그래도 심심하면 공원에서 우산 쓰고 만나서 근처 찻집에 가서 이야기를 나눌 수는 있을 것이고… 언니네 정도에 공지를 올리나… 인사동 달맞이 기본 콘셉트는 게릴라 파티.

글로벌 시대, 그리고 불확실성의 시대에 맞는, 아주 가벼운, 최소한의 준비로 최대한의 에너지를 느끼려는 자율 인간들이 벌이는 축하의 자리임을 다시 한번 확인한 후 역할 분담과 점검 끝.

1) 장소(변)
2) 술과 물(변, 캔디)
3) 분위기를 내기 위한 요리판 벌이기(변, 조한)
4) 소원 빌기(남이, 정수)
5) 기본 홍보 — 지난번 포스터 날짜 안 적힌 것을 그대로 돌린다. 나누어 보고 놀 거리, 먹을거리를 가져오라는 문구와 함께! 달 안 뜨면 안 한다는 말도(변,캔디/표)
6) 하자와 언니네 홍보는(정수와 남이)
7) 음악, 불꽃놀이(노자)
8) 저글링 패거리(해원)

9) 밴드 마스터와 소냐의 기타와 아코디언 +
작은 북 달랑 메고 가볍게 뭔가를 하는 사람들 초대(히옥)

이메일이 곧 사방팔방 퍼져 나갔다.

**Subject:** 인사동 달맞이 축제가 열립니다.
안녕하세요? 정수, 남이입니다. 작년 추석, 둥근 달 아래 모두가
즐거웠던 인사동 추석 축제를 기억하시나요?
저는 소원 쪽지 매달기를 하면서 남은 한해 소원들을 빌었지요.
사람들의 소원은 소중히 모아 깨끗한 곳에서 태웠답니다.
이번 추석에도 달이 뜨면 슬슬 '인사동 그 자리'에 모일 예정입니다.
그러나 좀 더 특별한 소원 쪽지를 하려고 해요.
여러분들의 관심과 도움이 필요합니다.
소원 나무를 위한 방울, 천, 종이(한지 등등), 펜이 필요합니다.
집에 있지만 필요 없거나 쓰지 않는 것들을 저희에게 20일까지
주시면 됩니다.
참여하신 여러분들의 정성을 모아 모아 소원 나무를 만들 예정이고요,
이름은 곱게 적어 소원 나무와 같이 놓아두겠습니다.
추석까지 남은 날들 잘 보내시고 우리 그날 만나요.

Subject: RE: 축제의 밤! 그 실험은?

이번에 소원 쪽지 매달기를 해서 수익금 전액을 후원하려고 합니다.
후원할 단체는 아직 정해지지 않았지만 여성 단체에 후원하고 싶어요.
작년과는 다르게 소원 나무를 제작하기 위해 필요한 물품을 사람들에게 수배(?)할 거구요. 좀더 아름다운 설치를 위해 모양도 고민 중입니다.
이번에는 정수가 합류해서 함께 진행할 거예요.


Subject: [RE]RE: 축제의 밤! 그 실험은?

술은 배상면 주가에서 주시기로 했는데
이번에는 하야시 술 못 마시게 맛난 물을 준비해야겠다.


Subject: [RE]RE: 축제의 밤! 그 실험은?

그 수익금 말인데, 바람을 통해서 막달레나의 집에 보내도 좋겠다.
(바람이가 그곳에서 자원 활동을 하고 있었잖아)
(막달레나의 집은 『용감한 여성들 ― 늑대를 타고 달리는』이라는 책으로 유명해진. 그 책은 내게 있는데, 자료실에 기증해 둘게.)
그곳 분들이 바람과 같은 하자 아이들이 오니까,
재밌고 즐거운 일이 생기는구나 이렇게 생각하면 좋을 것 같거든?
그러면서 남이, 정수, 모글리가 바람과 함께 거기 가보는 것도 좋을 것 같고 말이야.
바람이 막달레나의 집에 있는 활동가나 그곳의 '용감한 여성들'을 인사동으로 초대해도 좋지.
그분들과 함께 남이가 아주 효험 있는 소원을 빌어 줄 수 있을 것 같은데?
히옥.

**Subject: [RE]RE: 축제의 밤! 그 실험은?**
바람입니다. 잠시 설명을 하자면,
내가 자원 봉사 했던 곳의 정식 명칭은 '두레방'이고, 막달레나의 집은
다른 곳이야.
그곳은 공개되지 않은 곳이라 정확히 어딘지 나도 잘 몰라.
두레방에서 이야기를 들어 보면 막달레나의 집은 책 작업뿐 아니라
그 지방 언니들의 어려움을 해결해 주는 곳이래.
근데 언니들이 힘들거나 어려운 상황에 부딪쳐서
— 예를 들어 기둥서방이 죽자고 때려서 도망치거나 —
다른 지방으로 오면 그곳 지방 사람들에 의해서
이 언니가 어디 있는지 알려진대.
그래서 막달레나의 집에서는 어디 있는지 비밀로 하고 함께 있기도 하
고 그런가 봐.
근데 출판사는 따로 있어서 공개되어 있던가? 암튼,
두레방은 장로교회에서 선교 사업으로 시작했는데 그리 돈이 많지 않아.
내가 갔을 때도 두레방 전체 예산이 40만 원이 남았더라.
동두천에 있는 '새움터'는 언니들이 작은 거라도 수익 사업을 하는데

'두레방'은 그게 안 돼.

왜냐면 언니들이 고정적으로 있는 사람도 없고

그걸 함께 할 자원 봉사자도 없어… 주절주절…

그래서 두레방에 후원을 한다면 프로그램 운영비로 쓰일 수도 있고

(미술 치료와 컴퓨터 교육이 진행되고 있어)

두레방 벽화를 언니들과 같이 그릴 수도 있고,

이야기가 된다면 인사동에 같이 나올 수 있으면 좋겠다.

바람

Subject: [RE]RE: 축제의 밤! 그 실험은?

일이 저절로 진행되는군.

나는 내 이메일 리스트를 다시 한번 훑으면서 추석에 갈 곳이 딱히 없을 만한 사람들, 갈 곳이 있어도 이런 공동체적인 의례를 더 좋아할 사람들에게 초대 메일을 배달한다.

당일, 송편을 빚어 갈 생각도 있었는데 시간이 안 된다. 안국동 쪽에서 걸어 들어가다 보니 이삼 년 전에 비해 사람들이 엄청 많고 가게도 다 문을 열었다. 그간 추석에 갈 곳 없는 '고아'와 외국인들이 이렇게 많아졌나? 인사아트센터 앞에서 한 외국인이 트럼펫을 불고 있었다. '어, 공연물이 다양하면 좋은데 저 친구를 꼬드기자.' 다가가서 두 시간 있다가 우리가 벌이는 잔치에 오라고 했다. 프랑스에서 온 '산 속의

별 켄켄'이라고 자기소개를 한다.

남이네는 소원 빌기 준비를 다 했고, 리나, 아웅크네는 촛불 장식을 하고 있었다. 히옥스는 전을 부치기 시작했고, 하토도 송편을 빚어 왔다. 달이 나오지 않아서 못 오고 있는 이들도 있었다. 해원 패거리가 저글링을 하다가 슬그머니 사라지고 불꽃놀이가 시작되었다. 홈스쿨링을 하는 이영이 부모님은 룰랄레 룰랄레 하러 왔는데 안 한다고 좀 일찍 가셨다. 소냐와 밴드 마스터는 비눗방울을 날리며 멋지게 등장하였고, 켄켄이 합류하여 트럼펫을 불었다. 간간히 오랜만에 만난 얼굴들과 이야기도 나눈다. 버스 끊기기 전에 가야 한다고 철수를 하려니까 박한이 이끄는 국악과 양악의 퓨전 팀이 무대로 나왔다. 처음에는 수줍다고 뒤로 돌아앉아 해금 연주를 하더니 세나가 노래를 했고, 우주인도 등장해서 이상은의 「어기야 디어라」를 가사 잊어버린 채 불렀다. 목소리가 엄청 매력적인데 게으른 녀석! 한 아기 어머니가 「진도 아리랑」, 「밀양 아리랑」으로 분위기를 돋우었다.

밤 11시, 다들 가고 켄켄에게도 인사를 하려니까 잘 데가 없다고 한다. 그는 매우 행복하게 자란 사람인데 서른이 가까워졌을 때 자신이 입양한 아이라는 사실을 알게 되었고, 그것을 숨겨 온 부모가 야속하고 그 사실을 받아들이기 힘들어 유랑을 시작했다고 했다. 세상을 떠돌아다닌 지 몇 년이 되었다고 한다. 곤란하군. 둘러보니, 제리가 금방 알아듣고 자기 집에 데리고 가겠다고 했다. 한강변 배에서 하는 레이브 파티에 들렀다 가겠다고 한다. 누군가가 이곳에 온 모든 이들에게

장미꽃을 한 송이씩 선물했다.

이런 정도의 동네잔치가 곳곳에서 벌어지면 되는 것이지. 구경꾼과 광대가 따로 없는 잔치. 각자 알아서 조금씩 부조를 하는 잔치의 전통. 그런 전통을 새로 만들어 내는 것은 그렇게 어려운 일이 아니다. 전통 문화란 별 게 아니야. 마음 맞는 사람들이 정성을 모아 벌이는 축제가 지속되면 전통이 되는 것이지.

2007년 추석: 올해도 변함없이 인사동 달맞이 축제가 벌어졌다. 올해는 움직이는 악기 자동차 스프로킷이 두 대나 인사동을 누비며 축제 분위기가 물씬 나게 하였다. 여전히 명절에 외로움을 느끼는 외국인들이 와서 좋아했고, 추석이 노동절인 것이 못마땅한 딸들이 와서 황보령 씨의「탈진」을 들으며 탈진의 스트레스를 풀었다. 점점 외로워지는 시대라 다시 명절을 찾기 시작한다고 한다. 가부장적 명절이라고 여전히 거부감을 갖는 이들도 있는데, 지금은 거부를 하기보다 더 많은 명절을 만들어야 할 때가 아닌가? 남자들이 주축이 되는 명절도 좋고 여자들이 주축이 되는 명절도 좋다. 스스로 명절을 만들어 낼 수 있는 사람들이 많아지면 좋겠다. 불평은 몸에도 좋지 않다. 갈수록 사람들을 협박하고 몰아치는 신자유주의 무한 경쟁 시대를 개인 힘으로 어떻게 살아남겠는가? 개인 차원의 적자생존이 아니라 집단적 생존을 고려해야 하고, 집단적 생존은 모두가 모여 서로의 존재 자체를 축복하는 축제 없이는 불가능하다. ♂2007

학교가 있는 마을에서 쓰는 편지

# 길 떠나는
# 고래
# 세 마리

작은 시내에 살던 물고기가 강으로 흘러들어 왔습니다. 그 물고기가 이제 굽이치는 강으로 간다고 합니다. 아니 바다로 간다고 합니다.

국회 의사당 원탁 토론 대회에 참가했던 원이를 기억합니다. 한겨레신문 십대 현장 기사를 쓰던 그를 기억하며, 슬램 파티를 준비하던 그, 디제이, 브이제이를 보던 그를 기억하며 이제 우리는 감독이 된 그를 봅니다.

대중음악작업실에 왔던 제리를 기억합니다. 하자 행사의 사운드 디자인을 도맡아 챙기던 그를 기억하며 민주적인 동네를 만들려고 분주하게 잔소리를 하던 그, 토요일이면 어김없이 대학로 공원에서 평화 콘서트를 열던 그를 기억하며 이제 우리는 피디가 된 그를 봅니다.

999클럽을 분주하게 오가던 남이를 기억합니다. 무대를 꾸릴 천을 사러 시장으로, 또 초대장을 찾으러 인쇄소로 분주하게 다니던 그, 디자인 아르바이트로 모은 돈으로 아시아 여러 곳을 방문하고 홍대 앞에 좌판을 벌여 세상을 학교로 삼아 가던 그를 기억합니다. 이제 우리는 대학에서 새롭게 디자인 교육에 대해 고민하는 그를 봅니다.

항간에서는 '마마 보이', '마마 걸' 논의를 넘어 '티처스 보이', '디처스 걸' 이야기가 나오고 있습니다. 자기 주도적인 학습이 어느 때보다 필요해지는 지금, 입시 중독증을 앓는 이들은 늘어나고 수동성은 강화되고 있습니다.

그래도 이렇게 자기 졸업식을 기획하고 만들어 내는 학생들, 새로운 삶의 태도와 감수성을 가진 이들이 생겨나고 있으니 참 다행입니다. 세 명의 졸업식이라 하니 의아해하는 분들이 계셨습니다. 패러다임 전환기는 양이 아니라 질이 문제가 되는 세계입니다. '돌연변이'로 나타난 변종들이 없이 진화는 불가능합니다. 이 세 명의 돌연변이적 존재들이 중요한 이유는 바로 여기에 있습니다.

감사의 말을 드려야 할 것 같습니다. 이런 새로운 학생들이 성장할 수 있는 시공간을 마련해 준 서울시와 연세대학교에 먼저 고맙다는 인사를 전합니다. 특히 학교가 만들어질 당시 서울시에서 실무를 담당했던 분들. 좋은 사회를 만들겠다는 이분들의 집념과 애정 없이는 이런 대안 교육 공간이 만들어질 수 없었을 것입니다.

늘 든든한 파트너인 간디학교 양희규 교장, 새로운 학교의 필요성을 강조하면서 초기부터 지금까지 도와주신 삼보 이용태 회장님과 엔씨소프트 김택진 대표와 기획팀, 황석연 기자, 김정명신 선생님, 정병

호 선생님… 이 자리에 오신 모든 분들이 저희들의 든든한 친구들입니다.

이들과 함께 잠을 설치며 작업을 했던 작업장의 활과 라바, 기획부의 피터팬과 양양, 담임 휘와 히옥스의 예지와 정성이 생각납니다.

하자작업장에서 즐겨 쓰는 비유로 말하면 오늘은 세 명의 고래가 바다로 나가는 날입니다. 이 돌연변이 고래들이 바다로 나가 어떻게 자신을 성숙시키고 재생산해 낼지 지켜봐 주기 바랍니다. 그간 길 찾기를 하느라 힘들어하는 아이들 옆에서 더욱 힘드셨을 부모님께 특히 축하를 드리고 싶습니다.

자, 이제 세 마리 고래가 길을 떠납니다. 고래가 되고 싶은 후배들은 이제 슬슬 자신이 만들 졸업식을 구상해 가야 하겠군요.

이렇게 와 주셔서 정말 고맙고 행복합니다. ♂2003

# 배움은
# 만남이며
# 돌봄이다

　　　　　　한줄기 기운이 까만 하늘 어딘가를 뚫고 오르더니 어느새 빗살무늬 바람이 되어 주변의 구름을 보랏빛으로 물들이고 있습니다. 내게는 그 보랏빛 구름들이 크고 작은 대안 학습 공동체를 만들어 온 동지들로 보입니다. 그간 하늘을 보랏빛 구름으로 물들이느라 수고 많으셨습니다. 우리/그들은 곧 하늘을 붉게 물들이면서 새로운 시대를 열어가겠지요. 2006년은 그래서 중요한 해일 것입니다.

　학교가 몸에 맞지 않는 아이들, 학교 대신 도시가 주는 자극을 선택한 거리의 아이들, 사회와 담을 쌓고 자기 속에 갇혀 지내기로 한 아이들, 빈곤과 혼란 속에서 허덕이는 아이들, 변화하는 시대를 몸으로 앓고 있는 많은 아이들이 있었습니다.

　"청소년은 문제가 아니라 자원이다."라는 슬로건으로 어른들을 설득하고 "도시를 학습 자원화하자."고 서울시를 설득하면서 그 아이들과 인연을 맺기 시작한 지도 벌써 5년이 지났습니다. 돌봄과 학습의 공동체를 만들어 낸 우리들은 '아이가 행복한 학교'를 보고 싶어 했고 '학생의 인격을 존중하는 학교'를 만들고 싶어 했습니다. 아이들이 '자율과 공생'의 일상을 살아 내기를, 그리고 '스스로 업그레이드'하는 사람으로 자라 주기를 바랐습니다. 우리들은 '자기 주도 학습'을 강조하면서 새로운 커리큘럼을 고안해 내고 비슷한 일을 하는 동네와 연결하면서 힘을 키우고 지혜를 빌렸습니다.

 그 공동체의 구성원들은 구성원들의 형편과 모습에 따라 다양할 수밖에 없지만 한 아이를 살리기 위해 정성과 지혜를 다한다는 것, 그리고 그 한 아이를 살려 내는 것이 자신을 살리는 길이고 또한 죽어 가는 사회를 살리는 길이라는 것을 우리는 몸으로 알고 있었습니다.

 아이들은 갖가지 '프로젝트'를 통해 배우고 '인턴십'과 '멘토십'을 통해 다시 어른들, 그리고 사회와 만나고 세대를 통한 지식을 전수받는 즐거움을 알아 가고 있습니다. 서로를 가르치는 즐거움과 동생들을 가르치는 경험을 통해 자긍심을 길러 가고 있었습니다. 아이들은 우리 못지않게 훌륭하게 학습을 해내고 있습니다.

 이런저런 다양한 교육 주체들이 생겨난 한국은, 특히 다양한 도시형 작은 학교들이 우후죽순 들어서는 서울은 그런 면에서 새벽을 열어 가는 곳이라고 부러움을 사고 있습니다. 동아시아의 고도 압축적 근대화와 학력 경쟁 사회의 문제를 해결해 낼지도 모른다는 기대감을 불러일으키고 있지요. 어쩌면 우리는 이제 우리의 존재에 대해, 우리가 그간 해 온 일의 정당성과 중요성에 대해 누누이 강조하고 설득하지 않아도 될 것입니다. 이제는 내실을 기해 동이 환하게 트게 해야 할 때입니다. 배움의 근본을 확실히 하고 길을 다져 갈 때지요.

첫째로 배움이란 만남입니다. 대상과의 만남을 통한 '세계 만들기', 타자와의 만남을 통한 '친구 만들기', 그리고 자신과의 만남을 통한 '자기 만들기'입니다. 만남에서 기적이 일어나는 곳이 곧 학교입니다. 우리가 벌이는 크고 작은 학예회와 졸업식의 감동, 그리고 그 작은 행사를 통해 부쩍 자라는 아이들의 모습이 곧 그것을 증명해 줍니다.

두 번째로 배움은 돌봄입니다. 도구적 돌봄이 아닌 상생의 돌봄. 어른과 아이가 모두 서로를 돌보는 것, 서로를 진정으로 돌보기에 호기심을 갖게 되고 문제를 해결하려고 들고, 더 많은 학습을 하게 되는 동네가 곧 학교입니다. 세대 간의 돌봄이 도구적 돌봄이 아니라 상생적일 때 그 사회는 되살아납니다. 그런 면에서 근대 기획 안에서 만들어진 '아동기'라는 범주는 새롭게 정의 내려져야 하겠지요.

학교는 자율과 상생의 공간, 다양한 사람들이 서로를 돌보고 배우는 곳입니다. 저는 가끔 대안 학교 현장들이 커리큘럼이 없다고 불안해하는 목소리를 듣습니다. 지금은 불안해하고 갈팡질팡할 때가 아닙니다. 그간 우리들이 해 온 그 소중한 '만남과 돌봄'의 노하우를 어떻게 생생하게 살려 내고 이미 그런 실험을 해 온 곳과 연결하면서 체계화해 낼지 고심해야 할 때입니다.

그래서 21세기의 학교는 서로를 돌보는 따뜻한 마을이며, 다양한 사람들이 모여 구성원들에게 필요한 지식을 자체적으로 생산해 내는

'창의적 공유 공간'이라는 것을 보여 주어야 하지요. 새해에는 그런 멋진 일들을 좀 더 신나게 해 갈 수 있으리라 믿습니다.

  복된 새해 맞으시기 바라면서 $^{*2005}$

## 우리 동네
## 사람이
## 되어 주세요

　　　　　　　팔 년 전, 거대 도시 서울에 아주 조그만 청소년 센터가 생겼습니다. 오래된 근로청소년회관을 리모델링해서 만든 새 공간을 사람들은 '서울시 청소년 직업체험센터'라 불렀지요. "하고 싶은 것 하면서 하기 싫은 일도 할래요."라며 모여든 이곳 아이들은, 이곳을 '하자센터'라 불렀습니다.

　영상, 대중음악, 웹, 디자인, 인문학 작업장이 생겼고 장인과 도사와 작업 아이들이 북적거렸습니다. 학업 중퇴 청소년들이 몰려들어 학교도 만들었습니다. 배우가 되고 싶은 아이와 어른들이 몰려들어 '노리단'이라는 공연단도 만들었습니다. 여기서는 무언가가 끊임없이 만들어졌습니다.

　이들이 최근 수상한 일을 벌였다고 합니다. '빌리 엘리어트'가 되고 싶은 배우 지망생 아이들, '어린이 공화국' 벤포스타를 꿈꾸는 아이 어른들이 「점프」라는 세계적 공연 작품을 만든 장인들과 만나 아주 커다란 '점프'를 해 보이겠다고 합니다. 하자의 노리단과 대학로 장인들의 접속! 놀라운 일을 벌이겠다는군요!

에든버러 축제에 가는 것이 뭐 그리 대단한 일이냐고요? 기존 무대에서 장기 공연하는 것으로 그리 잘난 척할 것은 없다고요? 예, '한류 열풍'이 여전히 기세를 몰고 있는 지금, 그것은 그리 대단한 일이 아닐 수 있지요.

그러나 여전히 우리가 참 대단하다 생각하는 것은 우리가 드디어 '일과 놀이와 학습'이 동시에 이루어지는 '동네'를 만들어 냈기 때문입니다. 놀면서 일하면서 배우는 동네. 소모성 건전지가 되지 않고도 즐겁게 살 수 있는 방법, 그런 것을 알아냈기 때문입니다.

대도시에 살면서도 지치지 않고, 하고 싶지 않은 일을 하지 않고도 굶지 않고 신나게 살아갈 수 있는, 후기 근대적 대도시의 새로운 삶의 방식을 우리가 찾아냈다는 것입니다.

오셔서 함께 놀아 주세요! 신나는 일이 없다면 더욱 오셔서 함께 놀고 배우고 일하면서 '새로운 몸 만들기'를 해 가면 합니다. 보시고 마음에 든다면 우리 동네 사람이 되어 주세요. ☞2006

# 다시 돌아온
## 학교
### 친구들에게

어제 작업장학교 친구들이 '세계의 식탁' 잔치에 많이 들 와서 흐뭇했지요. 작년부터 하자센터에 슬그머니 '돌봄과 학습', '마을 만들기' 같은 단어들이 기어 다니기 시작했는데 눈치를 챘었는지?

어제의 '세계의 식탁' 잔치는 하자센터가 본격적인 '마을 만들기' 시대로 접어드는 것을 알리는 '종 치는' 모임이었어요. 하자의 오래된 친구이자 노리단의 창업 멤버인 스티브, 그리고 브라질 삼바를 소개해 준 악단을 만나는 자리였지요. 그리고 앞으로 오실 손님들에 대한 소개도 있었으니 학생들도 조금씩 기대를 하게 되지 않았을까…

하자센터가 처음 만들어졌을 때는 사실, 예술가들이 많이 들락거렸습니다. 특히 홍대의 인디 예술가들, 작업자들이 많이 왔지요. 그런데 그들이 생각보다 공동체적이지 않다는 것, 함께 뭔가를 하는 즐거움보다는 자기가 돋보이는 것, 자기 욕망에 매우 충실하다는 것, 혼자

임을 즐긴다는 것, 그런 성향으로 인해 세대 간 만남에 별 관심이 없거나 매우 서툴다는 것을 알게 되면서 좀 뜸하게 된 기간이 있었습니다. 때로 예술가들이 뿜어내는 약간은 퇴폐적 분위기, 시간 안 지키는 것, 그리고 술과 담배 문제로 햇빛 사이클로 가려는 하자와 더욱 멀어진 면도 있었고요.

그런데 세계를 둘러보니 공동체적인 예술가들이 적지 않았다는 것이지요. 스티브 랭턴이 아마도 가장 대표적인 분일 겁니다. 그래서 앞으로 그런 공동체적 예술가들을 초대하여서 우리들의 마을을 더욱 풍성하게 만들어 볼 생각이지요.

하자센터가 그렇게 가는 것과 학교가 무슨 상관이 있냐고요? 하자작업장학교는 애초부터 하자의 마을 학교지요. 하자 안에서 일어나는 많은 일들, 하자 안의 많은 도사와 장인들, 그리고 담임들과 함께 자라는 학교입니다. 그간 학교와 하자작업장과 노리단이 좀 거리가 있었다면 이제 그 거리를 좁히고 한 마을을 만들어 가면서 놀면서 일하면서 배우는 학교, 마을을 만들어 가도록 해요. 내가 헌신할 곳이 있다는 것, 허망한 시대일수록 중요하지요.

이번 학기에 '마을 만들기'라는 화두를 가져가 주면 해요. 마을 행사에 열심히 참여하기, 마을 잔치를 즐기면서 뒤치다꺼리도 하기, 마을을 즐기면서 친구와 어른들과 친해지기, 그리고 마을을 위해 내가 무엇을 할 수 있을지 좋은 일거리들을 찾아보고 성취해 가는 가을 학기가 되기 바라요. ♂2006

# 비상하는
# 기운을
# 느끼며

　　　　　어제 동구, 명월, 앤의 작은 우주가 지난 몇 년 동안 어떻게 진화되어 왔는지를 가만히 들여다보는 시간을 가졌습니다.

「세계의 온도」라는 의미심장한 이름의 책자를 받아 들고 옆에 붙은 약간은 고풍스러우면서도 경쾌한 안내 포스터를 보면서 졸업식 한 지 얼마 되지 않았는데도 가슴이 설렜지요. 책자 디자인은 새바, 그리고 포스터는 앤의 작품이라고 하네요.

999클럽을 들어서면서 다들 갑자기 깔끔해진 모습, 특히 멋진 머리 스타일로 인기를 끈 사회자 부에이노스와 테리와 공연단의 모습을 보면서 또 한번 비상하는 기운을 느끼게 되었지요! 자기 색을 찾아낸 친구들이 자기 빛깔을 한껏 뽐내면서 서로 도와가는 모습이 그대로 느껴져서 절로 풍성해지는 시간이었습니다. 졸업식도 아닌 수료식인데 눈물이야 안 흘릴 것이라 생각했는데 오래된 담임 변의 노래 가사와 명월의 눈물샘이 또 우리를 센티멘털하게 만들고 말았네요.

처음 동구를 본 날, 동구는 수료 에세이에 썼듯이 처음 학교에 와서는 '나 좀 놀았어.' 티를 내려고 폼을 잡았더랬지요. 그러나 금방 눈치를 채고 한눈팔지 않고 자기 자리를 찾아간 것 같습니다. 작업장학교의 기준으로 너무나 '모범생'인 동구. 하자 동네에 오기 전에는 욕지거리를 제법 했을 터인데 인터넷에 자신의 감정을 드러내는 놀이,「제목: 사악했다! 증오했다! 그러나⋯」를 하면서 스스로를 치유하고 순화시킨 동구가 영리하다 못해 얄미울 정도입니다. 실은 애초부터 동구의 미소에 그 영리함이 배어 있었던 것 같기도 하고요. 마을 학교의 모범생으로 계속 잘나가 주면 하는 바람이지요.

　명월. 가끔 그의 뚱한 모습을 보면서 걱정을 했던 때가 있었습니다. 홍대 앞 명월관에 자주 가는 친구인가⋯ 그런 것 같지는 않은데⋯ 큰딸인가, 막내딸인가, 무엇이 그를 힘들게 하는가⋯ 생각하였는데 수료 글을 읽으며 모든 것이 환해졌어요. 느리고 무거울 수 있는 태음인 명월, 그러나 달빛처럼 느리나 빠르고, 부드럽고 경쾌하게 이동하게 된 명월의 아름다움은 이번 위트엔비트 50회 무대 공연만이 아니라 수료식 내내 바라보는 즐거움을 안겨 주었습니다.

　머리로만 고민하지 않고 몸으로 풀어 가는 습관, 소통하는 것, '올인'한다는 것, '라이프 디자인'을 하는 것, 뭔가 지름길을 알게 된 것 같다는 명월은 더욱 아름다운 달빛을 내비치며 친구들과 하자 마을을 따뜻하게 해 줄 겁니다. 그리고 엄마와의 '어려운 투쟁'에 대한 이야기, 그것은 실은 독립을 위한, 자기와의 투쟁이었지요. 이제 어머니, 그리고 그 세대와 좀은 여유롭고 따뜻하게 마주 대할 수 있으리라 생각해요.

'보헤미안'끼가 있는 앤의 성찰적 에세이 역시 감동이었어요. 여행을 가서야 숨을 내쉴 수 있는 사람들이 있지요. 그래서 방랑을 하고 인류학자가 되고 고향을 떠나고 하지요. 그런 여행자의 시대가 가고 있지만 다시 마을의 시대로 가자고 말하고 있지만, 십대는 여전히 여행자들입니다. 정재은 감독의 「고양이를 부탁해」의 주인공들처럼 비행기 표를 들고 공항을 빠져나가는 것이 필요한 사람, 필요한 시기가 있다는 말. 요즘은 꼼짝하지 않고 인터넷 앞에서, 집구석에서 꼼지락거리려는 이들이 오히려 늘어나는 시대지만(어제 미루와 이야기했는데 미루는 방구석에서 여행하는 그런 타입이라고~~~) 하자 동네에는 보헤미안들이 여전히 많습니다. 이국적인, 아주 새로운 마을을 만들어 내려는 욕망을 지닌 사람들이지요.

헤르만 헤세를 읽고 자랐고, 아주 많은 여행을 한 나는 보헤미안을 보면 동류의식을 느껴요. 내 '족속'이란 그런 느낌. 보헤미안은 기존의 마을에 벗들이 없어서 마음 맞는 부족을 찾아 헤매지요. 그것은 차를 마시는 모임에서 행복했다는 앤의 글에 아주 잘 나타나 있었지요. '따뜻한 찻물'과 같은 만남을 갈구하는 마음. 그래서 길고 많은 여행에서 돌아온 사람들이 아주 멋진 마을을 만들어 내곤 하지요.

여행을 하면서, 또 사하의 잔소리를 들으며 작업을 하면서, 또 대추리와 동두천 미군 기지 이전 와중의 움직임들을 보면서 앤은 하고 싶은 이야기들이 생겼고 뭔가를 할 수 있는 힘이 생겼다고 합니다. 그는

"사공이 많아서 산으로 가는 배는 보았지만 사공이 없는 배는 앞으로 나가기도 힘들다."는 명구절도 만들어 냈고 굳이 이야기를 하지 않아도 다 서로 이해하는 줄 알았는데 그것이 아닌 것도 알았다고 하네요. 참으로 여행은 많은 것을 깨닫게 해 주지요. 하자의 보헤미안들이 여행 학교를 만들면 하는 생각을 문득 하였어요. 보헤미안 강구야의 다음 프로젝트가 되면 어떨까… 남미에서 돌아온 미츠루, 동북아의 긴 여행에서 돌아온 태랑, 약속, 로기 모두 여행을 아주 좋아하는 친구들 아닌가… 이런 저런 욕심을 내 봅니다.

수료하는 세 친구들의 여정이 더욱 경쾌하고 정중하고 자유로우면서 공동체적이기를 바라며 주니어 수료 축하해요. 그리고 이 세 명의 우주가 아름답게 성숙하도록 아낌없이 물을 준 담임, 멘토, 선후배, 친구들, 삼촌, 이모, 언니, 동생 노릇을 해 준 많은 분들에게 감사드립니다.

♂2006

# 새해
# 인사

또 한해가 가고 새해를 맞이했습니다. 1999년 영등포 한구석에 자리한 칙칙한 '남부근로청소년센터'를 기억하는 분들을 떠올립니다. 그 칙칙한 공간이 '청소년 직업체험센터 / 하자센터'라는 새로운 이름의 문화 작업장으로 태어난 지 벌써 8년째 접어들었습니다.

하자센터 초기, '문화 생산자'가 되려는 청소년들이 몰려든 때를 기억합니다. 그들은 영화와 대중음악과 인터넷과 디자인과 인문학 작업에 몰두하면서 대안 학교를 만들고, 또 '문화(산업)의 시대'를 열어 갔습니다.

그들은 급변하는 시대에 살아가기 위해 필요한 '자기 관리'와 '자기 기획력'을 갖추었고, 후기 근대 정보 사회에 필요한 직업 체험을 하면서 평생 학습을 하는 인간으로 성장하고, 또 직업이 없으면 스스로 일을 만들어 내기도 했습니다. 지금 서울 곳곳, 아니 전국, 그리고 세계 여러 곳에 퍼져서 '지속 가능한 성장'이 가능한 미래를 만들어 가고 있는 하자의 주민들에게 각별한 정을 전하고 싶습니다.

그간 아주 많은 분들이 이곳을 거쳐 가면서 이제 하자센터는 실제 거주자와 온라인 거주자들이 함께하는 작지만 아주 큰 마을이 되었습니다. 글로벌 개방 시대와 불안정 고용의 시대에 적극적으로 대응하고 해법을 만들어 가는 청소년과 청년들의 작업 마을 말입니다.

믿기지 않겠지만 올해 대안 학교법과 시행령이 통과되었고 교육인적자원부에서는 이제 21세기를 위한 평생 학습 도시 사업을 펼치고 있습니다. 그리고 행자부와 건교부에서 '마을 만들기' 사업을 시작했습니다. 놀라운 일들이 벌어지고 있는 것이지요. 이런 사회적 변화는 실은 새로운 시대의 학습, 특히 일과 놀이와 학습을 통합시켜 온 그간의 하자의 노력이 일조를 했다고 생각합니다. 후기 근대적 체제로의 전환이 이렇게 천천히 그러나 조금씩 이루어지고 있어서 반가울 따름입니다.

뭐니 뭐니 해도 작년, 하자센터가 이루어 낸 가장 큰 성과는 노리단의 장기 공연이 아닌가 싶습니다. 호주의 음악의 장인 스티브와 한국의 문화 기획자 휘가 만나서 불을 댕긴 생태주의 공동 문화 벤처 노리단은 '일과 놀이와 학습'의 놀라운 통합 시스템을 만들어 냈습니다. 이로써 노리단은 아주 새로운 세포를 만들어 낸 것이지요. '대안 학교'이자 '창의력 센터'이자 '사회적 돌봄'의 모델을 제시하면서 글로벌 개방 시대의 한 구심점으로 자리를 잡은 것입니다. 올해는 에든버러 축제에 참여하여 대안적인 '문화 수출 상품'을 만들어 낸다는 목표를 가지고 있습니다. 노리단이 이렇게 후기 근대 직업 창출의 주요 모형을 만들어 내는 동안 하자통합작업장에서는 그런 모형이 대중적으로 확산 가능하도록 노력을 기울여 나갈 것입니다. 올해 새로운 모습으로 태어날 통합작업장의 활약을 기대해 주세요!

중산층이 급격히 붕괴되고 기댈 곳이 없어지는 청소년들이 늘어나 하자작업장학교로서는 특히 어려웠던 해였습니다. 국내 총생산은 늘어나는데 고용은 줄어드는 '고용 없는 성장'의 시대에 청소년들은 점점 더 우울해지고 있고 그들과 함께 하는 어른들도 덩달아 우울하고 무력해지고 있습니다. 청(소)년 실업과 계급 양극화 문제를 풀어낼 해법이 나와야 할 때입니다.

하자 초기, 깐깐한 한 신문 기자가 센터를 죽 둘러본 후 "이제 세금 내는 것이 아깝지 않다."고 말한 때를 잊지 않고 있습니다. 일본과 대만과 홍콩에서 온 손님들로 붐비는 하자센터는 지금도 '문화의 시대'를 여는 '국제적 명소'지요. 그러나 올해부터 하자센터는 청소년 실업 문제, 구체적으로 니트족 문제를 정면으로 풀어 가야 할 것입니다.

청소년들이 '내공'이 아니라면 '내성'을 키워 가도록, 일의 의미를 깨우치고 관계를 맺는 것 자체가 바로 삶임을 알아 가는 것, 그러면서 다양한 직업 체험을 할 기회를 제공하고 함께 협력하면서 일을 성사시키는 경험을 하게 해야지요.

'저출산 문제' 위기를 이야기하기 전에 우리 사회가 해야 할 시급한 일은 이미 태어난 아이들이 생기 있게 살 수 있게 하는 것입니다. 점점 무기력해지는 '포스트 서태지 시대'의 고실업 불안정 고용 문제를 서울시와 연세대학교가 관민 협력을 통해 풀어낼 수 있으면 합니다. 올해는 교육부와 문광부만이 아니라 노동부, 보건복지부와도 긴밀하게 연계를 해야 할 것 같습니다. '청소년 직업체험센터'가 할 일이 점점 더 중대해지고 있습니다. 올해는 전국 각 도시에 다양한 '직업체험센터'들이 생겨나고 더 많은 청소년들이 밝게 자신들의 미래를 준비해 갈 수 있으면 합니다.

올 12월 29일에 졸업한 페이퍼가 고심해서 만든 문장은 인상적이었습니다. "진심을 지키는 힘을 기르다." 우리 시대의 위기를 돌파하고자 시작했던 우리의 진심을 지키면서 올 한해도 문화 생산자로서 서울시와 우리 주변에 따뜻함과 생기를 한가득 선물할 수 있는 '시대의 작업자'이자 '문화 생산자'들이 되기를 기원하면서 새해 인사 대신합니다. ♂2007

# '9거리 상세 지도'를 그리는 아이들

　　　　　　수료식 때마다 분위기가 달라지는 것이 대안 학교의 큰 매력이 아닌가 싶습니다. 아이들도, 학교도 생생하게 살아 있다는 징표일 테니까요. 각자의 색깔을 뽐내며, 그러나 또한 서로 닮은 아홉 명이 이번에 '9거리 상세 지도'를 그리면서 한 고비를 정리합니다. 지도와 나침반을 들고 길인 듯 아닌 듯한 곳을 지나며 길을 찾고 만들어 가다가, 잠시 길목에 한데 모여 지도를 그렸습니다.

　부에노스, 키, 테리, 샛별, 겐, 쏭, 광, 와이바라, 한솔. 이들은 어느 때 학교 죽돌들보다 학교에 대한 애정이 남달랐던 아이들입니다. 이들은 자치 회의든, 학교 행사든, 또 크고 작은 사건 회의든 솔선수범 나서서 공동체의 구성원으로서 자기 몫을 했고 그 안에서 의미를 찾아냈으며 학교와 환경 변화에 민감하게 반응하며 자기주장을 펼친 친구들입니다. 하고 싶은 일이 있는데 학교에서 해내기 힘들면 외부 자원을 끌어다가 스스로 만들어 가며 학습하는 친구들이지요. 공연단이 그렇게 해서 시작되었고, 디지크가 그렇게 해서 만들어졌으며, 글쓰기를 작업으로 하는 팀이 그렇게 해서 만들어졌습니다.

지난 봄 학기에는 이들이 주축이 되어 자치위원회를 꾸리고 학교의 대부분의 행사를 직접 기획하고 진행해 왔습니다. 게으름 피우며 정리 안하고 도망가고, 귀찮은 일은 나 몰라라 하던 바로 이전의 아이들과는 달리(미안해요, 이전 아이들~ 사실이 좀 그랬지요. 뒤치다꺼리할 줄 모르는 아이들 때문에 너무 속상해하며 지내셨던 예전의 교감 시원은 얼마 전 요즘 아이들이 스스로 알아서 잘한다는 이야기를 듣고 눈물을 흘리기까지 하셨답니다~) 스스로 알아서 설거지하고, 책상 정리하고, 휴지 버리고, 학교에서 필요한 부탁이면 아무리 힘들어도 딴소리하지 않고 함께해 주던, 보이지 않는 것을 볼 줄 알고 서로를 돌볼 줄 알고 섬세하게 챙길 줄 아는 훌륭한 친구들, 그리고 담임들에게는 정말 고맙고 대견한 친구들이었습니다.

놀랍게도 이 친구들은 작업장학교에서, 또 학교를 위해 일하면서, 자신이 어떻게 살아야 할지, 자신이 쓴 가면은 무엇이며 어떻게 벗어야 할지, 작업을 한다는 것은 무엇인지, 소통한다는 것은 무엇인지를 너무나 절절하게 깨닫게 된 것 같습니다. 여전히 앞으로 어떻게 살아야 할지 때로 불투명하고 불안하지만 그들 안에 이제 할 수 있겠다는 에너지와 자신감이 가득 차 있는 것을 느낍니다.

자기 동네를 함께 만들어 가며 주니어 수료를 맞이하게 된 아홉 친구에게 한 아름 축하의 '허그'해 주세요. ♂2007 교사팀장 변과 함께 씀

# 네트워크 시대의 '학교들 학교'

10월 12일 서울시대안교육센터 네트워크학교 연합 체육 대회에 들렀습니다. 서울 시내 한가운데 있는 국립서울농학교 운동장에 들어서니 다섯 가지 색깔의 티셔츠를 입은 학생들이 보였습니다. 15개 현장에서 삼백여 명이 모여들어, 마치 일반 학교 운동회에 온 것 같았습니다. 각 팀은 세 개 학교씩 구성되어 있어서 같은 편끼리 서로 알아가는 좋은 기회가 되고, 다른 팀과 경쟁을 하기 위해서 적극적인 협동 관계를 맺을 수밖에 없도록 판을 짰다고 주최 측 전준호 선생이 전해 줍니다. 역시 경륜이라는 것이 중요한가 봅니다. 전준호 선생은 여기 오시기 전에 불교청년회에서 일하셨다지요. 각 현장의 연합 축제다 보니 다양한 인재들이 모여들어, 낯선 이들이 만나 내뿜는 신선한 시너지가 풀풀 느껴지는 자리였지요!

게다가 푸르디푸른 가을 하늘은 옛날 운동회 생각이 절로 나게 하였습니다. 학교 다닐 때를 생각하면 가장 기억에 남는 것은 운동회 때

밤을 줍고 달리기 시합을 하던 것, 합창 대회를 위해 수업 끝나고 도망치던 아이들을 잡아다가 늦게까지 합창 연습을 했던 것, 시내 극장에 우르르 몰려서 영화를 보러 갔던 일들입니다. 그때를 생각하면서 삼삼오오 돗자리를 깔고 모여 앉은 학생 사이를 걷다가 개별 학교들이 지닌 '다양성'을 만나게 되면서 가슴이 벅차 올랐지요. 역시 개성 있는 아이들은 아름답습니다. 한쪽에서는 대안교육센터의 '사모' 전미학 선생이 떡과 맛있는 사과를 실어 나르고, 다른 한쪽에서는 팀별로 인사를 하면서 '전선'을 가다듬고 있었습니다.

  준비 체조 시간이 되자 지도를 맡은 '성장학교 별'의 이재훈 선생이 나오셨지요. "KBS 몇기 공채에 떨어지고…"로 시작하는 자기소개는 일품이었습니다. '떨어지고…'의 역사를 스스럼없이 말하는, 떨어지는 경험도 중요함을 이런 식으로 가르치다니… 나는 체조 지도자를 고른 주최 측의 탁월한 선택에 감탄하면서 또한 내심 즐거웠습니다. 거의 개그맨 수준이면서 내내 전체를 챙겨 가는 이재훈 선생은 일부러 '몸치'인 스피노와 강구야를 불러 앞에 서게 하여, 우리 모두를 한바탕 웃게 하였습니다.

  그런데 어딘가가 좀 불편해지고 있었습니다. 마이크를 든 사람이 있는 중앙을 보면서 모든 사람이 정렬해 있는 모습. 앞에는 집중하는 사람이, 뒤에서는 딴 짓 하는 사람이 보이는 그 모습이 불편해지기 시작한 것이지요. 그런 공간 배치는 대량 생산 체제에 적합한 배치지요. 물론 체조를 배우는 것이 목적이라면 중앙에 선 사람을 따라하기 위해 그런 공간적 배치가 최적일 수도 있을 겁니다. 그러나 요즘은 열심히 따라하는 사람들은 늘 절반도 못 되지요. 그냥 둥그렇게 둘러서서 서로가 하는 것을 구경도 하면서 공동체 의식을 느끼면서 체조를 하면 안 될까요? 선생을 따라하면서도, 잘하는 사람, 못하는 사람, 그리고 처음 본 얼굴들을 보면서 체조를 하면 더욱 즐거울 텐데…

내가 요즘 학생들을 가르칠 때 가장 유의하는 것은 슬그머니 묻어가거나 숨어들어 있는 것을 못하게 하는 것입니다. 또래를 통해 새로운 것에 흥미도 갖게 되고, 자신을 돌아보게 되기도 하고, 그래서 상호 기운을 북돋우게 한다는 겁니다. 사토 마나부 선생도 이 점을 특히 강조했지요. 특히 요즘 십대들은 여러 가지 일을 한꺼번에 하는 '멀티 테스킹 세대'인 데다가 어른의 말은 그 자체로 지루하다고 생각하는 경향이 있기 때문에 더욱 자기 세대의 모습을 많이 보이는 것이 좋습니다. 달리기 경주가 아니고서야 한 줄로 설 필요가 없다는 것이지요. 각자 편한 자리를 찾아 가장 즐겁게 체조를 할 수 있도록 하자는 겁니다.

아, 공간적 배치에 대해 말이 너무 길어졌군요. 하여튼 체육 대회라는 작은 자리에서도 대안 학교가 지향하는 자율, 공생, 창의 문화는 살아 있어야 합니다. 기존 학교는 숨어 있거나 딴 짓 하고 개개는 아이들을 양산해 냈지요. 대안 학교 현장에서는 그냥 어색해 멀뚱하게 있는 아이들이 꽤 많습니다. 누군가가 지시하기를 기다리는 시간은 가능한 없도록 해 주면 좋겠습니다. 우리는 수동적 아이들을 자기 주도적 아이들로 바꾸어 가는 일을 하고 있는 중이고, 자기 주도성을 회복하는

데 중요한 것은 충분한 정보를 미리 주는 것, 한 줄이 아니라 서로 마주 보는 자율의 시공간을 제공하는 것입니다. 내년 체육 대회에서는 팀별로 만나면 행사 개요를 공유하면서 멋진 별명도 붙이고 깃발도 만드는 그룹형 자치 창작 시간을 가질 수 있으면 좋겠습니다. 티셔츠 빛깔도 좀 더 화려한 무지개 빛깔이면 좋겠고요.

오랜만에 현장에 나타나 주문이 길어졌군요. 대안 학교는 소소한 일상에서도 새로운 문화를 만들어 갈 새로운 사람을 기르는 삶의 현장이라는 것을 잊지 않았으면 합니다. 우리들이 꾸려 가는 '작은 학교'는 네트워크를 통해 비로소 완성된다는 것, 그런 면에서 우리들은 어떤 학교보다 '큰 학교'를 만들어 가고 있다는 것을 다시 한번 확인하는 자리였으면 합니다. '학교들 학교'가 21세기 네트워크 시대의 문을 활짝 열어 갑니다. 함께해서 즐거웠습니다. 그리고 수고들 많으셨습니다. ♂2007

## 2014년
## 4월 5일에

대한민국 서울시 영등포에 작은 정거장이 하나 있었다. 아니 정거장 마을이라고 하는 것이 낫겠다. 지금은 그런 정거장 마을이 여럿 있지만 그때는 대한민국에 그런 정거장은 하나밖에 없었다. 그곳은 집과 고향 마을이 답답해서 새로운 마을을 찾아 떠난 십대들이 모여드는 곳이었다. 어른도 아니고 아이도 아닌, 어중간한 나이의 십대들은 「반지의 제왕」에 출연하는 아이들 비스름한 모습으로 그곳에 모여들었다. 그들은 그곳에서 나침판을 마련하고 물통과 지도, 비상 약·양식과 여행에 편리한 복장과 장비도 마련했다. 가려고 하는 곳이 멀고 험하다 싶으면 가기 전에 그 마을에 머물면서 무술이나 축지법을 익히고 요술 피리 부는 법을 익히기도 했다. 그리고 무엇보다 그들은 그곳에서 동행할 길벗을 구할 수 있어 좋았다.

나는 한때 그곳의 역장 노릇을 했다. 그리고 휘는 역의 지배인이었다. 엄청나게 두뇌 회전이 빠르고 부지런하고 열정적인 휘는 아주 훌륭한 지배인이었지만 때로 잔뜩 짜증이 나 집을 뛰쳐나온 십대들의 마음을 잘 읽어 내지는 못하는 것 같았다. 그것이 못마땅했던 역장은 지배인에게 건물 관리만 하는 것이 아니라 여행자들의 마음 관리도 할 수 있어야 하니 개찰구에서 일해 보는 것이 어떻겠냐고 제안했다. 개찰구에서 오가는 여행자들을 유심히 관찰하면서 그들이 마을 어디에 묵는 것이 좋을지, 언제 다른 곳으로 떠나게 될지를 세밀하게 보면서 진정한 역 관리자들이 되어 보자고 했다.

그래서 휘는 개찰구에서 일했다. 개찰구에서 일한 지 얼마 되지 않아 그는 많은 여행자들과 친해졌고, 그들과 사랑에 빠지기 시작했다. 멘토면서 파트너로 많은 재미난 일도 함께 벌였다. 마을의 방송 프로그램도 기획하고 신문에도 글을 자주 썼으며 마을 안팎에서 다양한 축제 판을 벌이기도 하면서 다른 먼 곳의 사람들과도 내통했다. 휘는 그 정거장을 들락거리며 많은 젊은 여행자들과 만나면서 세대 간의 소통 비법을 알아 가고, 새 시대와 소통하는 아픔과 기쁨을 알아 가는 듯했다.

새로운 경험을 하는 사람은 기록의 욕망을 갖게 된다고 한다. 휘는 자신이 알게 된 멋진 아이들에 대한 이야기를 나누고 싶어졌는지 그 바쁜 와중에도 짬을 내서 부지런히 그들의 이야기를 기록해 두었다. 그 기록은 2004년 봄 『너, 행복하니? ― 보통 아이들 24명의 조금 특별한 성장기』김종휘 지음, 산티 라는 제목으로 출간되었고, 많은 사람들에게 새로운 길을 여는 모습을 보여 주었다. 이제 우리 주변에는 그 책에 나오는 것과 같이 사는 아이들이 아주 많아졌지만, 그 작은 책이 나올 당시는 아주 특별한 소수 아이들의 이야기였다. 지금 이렇게 행복한 십대들이 많아진 것은 일면 그때 휘가 그런 책을 부지런히 써낸 덕분이 아닌가 한다.

돌이켜보면 그때 그 정거장 마을을 가장 즐겼던 사람 중 한 명이 바로 휘였던 것 같다. 아름다운 사람들을 많이 만났기 때문이다. 십 년이 지난 지금, 그 책에 등장했던 십대들이 어떻게 살고 있는지 궁금하다고? 사실상 행복하기도 했지만 많이 불안해했던 그들은 지금 지구 여러 곳에서 마을 역장을 하기도 하고 예술가가 되기도 하고 또 휘처럼 잠시 개찰구에서 아이들을 만나기도 하면서 그 책의 제목대로 행복하게 살고 있다. 휘? 평론가이자 역사가이자 예술가이자 기획자인 김종휘는 지금 흰 머리 희끗하게 휘날리면서 행복한 역장으로 살고 있다.

이것은 오늘이 십 년 후, 곧 2014년 4월 5일이라고 가정하고 써 본 책 추천사. 질풍노도의 나이라는 십대 청소년들에게는 정거장 마을이 많이 필요하다. 21세기는 희망이 사라진 시대라 하지만 행복감을 느끼며 살아가는 아이들은 계속 커 나갈 것이고 그들이 세상을 구원할지도 모른다. 행복하게 살고 싶은 친구들에게, 그리고 그런 아이를 기르고 싶은 부모와 선생님들에게 일독을 권할 책이 나온 것은 무척 다행스런 일이다. ♂2004

# 삶의 기본기를 익히는 배움의 장

시대가 너무 빨리 변하고 있어 모두가 힘들어하고 있습니다. 이런 시대일수록 실험적 작업이 중요합니다. 1997년 IMF 경제 위기를 경험하면서 연세대 청년문화센터에 모인 일군의 사람들이 도제식 청소년 문화 작업장을 만들었습니다. '하자센터'는 서울시와 연세대로부터 물적, 지적 지원을 받으면서 그 시공간을 확대한 것입니다.

하자센터의 실험은 세 단계에 걸쳐 숙성해 갔습니다. 먼저 '스스로 업그레이드하자!'는 모토로 청년 문화 작업자들이 청소년 문화 작업자들을 성장시키는 일이었습니다. 청년 실업 문제와 청소년 문제를 한꺼번에 풀어 보려는 시도였지요. 그때 하자센터는 영상, 디자인, 대중음악 분야의 훌륭한 독립적 작업자들이 북적대는 곳이었습니다.

기존 학교에 가지 않고 센터 안에서 문화 작업을 하겠다고 '죽치고 있는' 탈학교 아이들이 늘어나면서 하자센터는 학교를 만들어야 했습니다. '하자작업장학교'라는 새로운 대안 학교가 만들어졌고, 그 학교는 '자기 주도 학습'을 강조하고 '하고 싶은 일 하면서 먹고 살려는' 당찬 아이들을 키워 내고 있었습니다. 그런데 시간이 지나면서 더는 자기가 하고 싶은 것이 무엇인지 모르겠다는 아이들이 늘어났습니다. 머리가 아니라 몸이 말을 안 듣는 아이들이 늘어난 것이지요.

세 번째로 생긴 노리단은 그런 아이들에게 하나의 구원의 길이었습니다. 음악적 훈련을 통해 몸과 마음과 지력을 동시에 훈련하는 과정이 생겨난 것이지요. '정보 홍수' 시대에, 갈수록 희망이 없어 보이는 시대에, 또 한편 '과도한 기획'을 하는 부모들 등쌀에 아무것도 하기 싫어진 아이들에게 노리단은 매력적인 훈련 과정이 되어 주었습니다. 삶을 단순화시키면서 집중할 거리를 주고 몸을 단련시키면서 삶을 바라보게 하는 것이지요.

노리단은 하자센터를 음악이 있고 작업이 있고 이웃들과 축제를 벌일 수 있는 '21세기의 새로운 마을'로 새롭게 태어나게 했으며, 문화 작업 활성화 → 대안 학교 운동 → 마을로 진화하게 한 것입니다. 청소년이 느끼기에 매력적인 자기 일감을 가지고 있는 문화 작업장(도제 방식) → 청소년 한 명과 지속적인 돌봄의 관계를 맺을 수 있는 대안 학교(새로운 형태의 담임 중심) → 어린이와 노인과 외국인과 한데 어우러져서 다양한 관계망 속에서 함께 일할 수 있는 문화 작업장(마을 방식)으로 변화한 과정은 어쩌면 한국의 모든 대안 교육, 또는 방과후 학교들이 거쳐 갈 진화의 과정일지 모릅니다.

저는 지난해 추석 잔치를 위해 노리단이 완성한 '움직이는 하울'의

악기인 스프로킷이 바람을 잡으며 대학로를 행진하는 광경을 보면서 한국 사회의 마을이 그런 상징적 악기를 중심으로 새롭게 태어나는 꿈을 꾸어 보았습니다. 사실상 한국의 마을들이 사라지기 전까지 신명나는 풍물패가 마을에 활기를 불어넣곤 했지요. 노리단은 21세기에 바로 풍물패의 역할을 하는 악기 제작소이자 공연팀이자 문화 교육자들의 모임인 것입니다. 그때의 교육자에는 열 살이 갓 넘은 친구도 있을 수 있습니다.

   노리단은 스티브 랭턴이라는 소리의 장인과 문화 기획자이자 평론가인 김종휘, 그리고 도리, 팅, 렌 등의 돌봄 마인드를 가진 예술가들이 만들어 낸 획기적인 작품입니다. 나는 모든 대안 학교, 대안적 교육을 꿈꾸는 일반 학교, 그리고 직장과 마을에 노리단이 만들어지면 합니다. 노리단을 통해 삶의 기본을 익히는 아이들이 배출되는 것을 보아 왔기 때문입니다. 노리단에서 자란 친구들은 더불어 사는 법을 알고, 노력 없이 이루어지는 것은 없다는 것을 압니다. 자신감은 작은 성취들이 쌓여서 만들어진다는 것도 경험을 통해 알고 있습니다. 머리가 아니라 몸으로 배운 것은 잊히지 않고 몸에 남아 있지요. 이십대만이 아니라 삼십대가 되어서도 여전히 방황하는 이 시대의 청년들을 보면서 일찍이 방황을 끝내고 노리단에서 삶의 기본기를 익힌 아이들은 행운아라는 생각을 수시로 합니다. 『일하며 논다, 배운다』[김종휘 지음, 민들레, 2007]가 대안적 세상을 만들어 내야 한다고 느끼고 있는 모든 분들에게 큰 도움이 될 것이라 생각하면서 즐겁게 일독을 권합니다. ♂2006

# 소망 상자를 받고서

'해체의 시대', '부도의 시대'에 소망을 담은 상자를 받는 것은 큰 부담입니다. 지난 일요일 성미산학교 총회 자리에서 갑자기 예쁜 상자를 받으면서 마음이 무거웠던 이유일 것입니다. 상자 속에는 아이들의 귀여운 그림 카드와 함께 어른들의 이런 이야기들도 들어 있었지요.

"뭔가 좌표도 없이 많은 사람, 많은 생각들이 서로 부딪치면서 부딪치는 힘대로 학교가 흘러간다는 느낌이 들어서 내심 마음이 불편하고 괴로웠거든요 그동안. 선생님의 지도와 권유를 받아들이고 그것을 중심으로 움직이기 시작하면서 우리가 무엇에 집중하고 함께 힘을 모아야 하는지를 배우게 됩니다."

"앞이 깜깜한 어둠 속을 이리저리 헤매고 다닌 것 같습니다. 여러 번 포기할까도 생각했지만 그러지 않은 것이 요즘 너무나 다행스럽게 생각됩니다. 아이를 통해, 학교를 통해 많이 배웠고 앞으로도 많이 변할 거라고 생각합니다."

"이제 '어떻게?'가 남았네요. 시간이 반은 해결해 주고 나머지 반은 저희 몫이겠지요. 함께해 주셔서 정말 힘이 납니다."

"세상이 변하기 위해서는 문화가 바뀌어야 하고, 그러기 위해서는 나로부터의 변화와 함께 문화를 만들어 가는 다음 세대에 관심을 기울이는 것이 중요하다는 생각을 했었습니다. '또문'을 통해 만난 '공동육아'에서 아이를 키우며 아이와 함께 행복한 공동체를 꿈꾸어 왔고, 그래서 성미산의 식구가 되었고요… 성미산은 소박하지만 커다란 꿈을 꾸고 있습니다. 의욕은 넘치지만 세련되지 못해 우왕좌왕하는 모습도 있고요…"

"새로운 스머프 마을에 마마 스머프가 되어 주신 것 감사드립니다. 우린 가가멜, 아즈라엘과도 사이좋게 지내는 좋은 스머프들이 되도록 노력할 겁니다. 즐겁고 사랑이 넘치는 마을을 위해…"

"지금은 힘들게 밀어 올린 새순에 물을 주고 튼튼히 뿌리 내리도록 모두가 힘을 합쳐야 하는 순간이지요. 함께하는 모든 사람들, 선생님들, 아이들, 그리고 조한이 동행을… 온 마음으로 환영합니다. 성미산학교 화이팅!"

일요일에는 생쥐가 초등교사 긴급회의를 소집해서 이대 후문에 있는 카페에 부리나케 가 보았어야 했지요. 교사들 간에도 조율이 되고 있고, 적어도 조율이 되지 않는 부분이 어딘지 알아 가는 자리였는데 내 느낌으로 그 배는 앞으로 잘 항해해 갈 것 같습니다.

성미산학교 건물이 무사히 지어지고 그 집에 어린이 미디어 카페가 들어서고 풍성한 식탁 공동체가 될 수 있는 식당도 들어서고 아이들의 크고 작은 질병을 고치는 한방 클리닉이 들어서는 날을 상상해 봅니다.

괜찮은 사업가 열 명만 선뜻 나서서 1억씩만 기금을 내 준다면 학교 빚을 쉽게 갚을 텐데 그런 '명예 이사' 찾는 일도 시작해 보면 합니다! 주변을 둘러보세요. '시민들의 학교'를 함께 만들어 갈 '시민들의 기업가'가 없는지… 아니면 아름다운 재단들이 없는지…

벼리가 쓴 '방가와요' 그리고 다운이 '치나게 지내요'라고 쓴 그림 카드를 부엌 유리문에 붙여 놓았습니다. 잠시 보다가 다시 상자에 넣어서 학교에 돌려 드리겠습니다. 학교의 아름다운 역사가 들어 있는 상자이니 학교에서 보관하셔야지요.

초대해 주셔서 감사합니다. 2005

# 아이들을 망치는 386세대 드센 부모들

승범 아버지,

성미산학교 '대안과 나눔' 게시판에서 종종 유익한 글을 볼 수 있어 좋습니다. 선생님이 게시판에 퍼 나른 글, "아이들을 망치는 가장 확실한 길"도정일, 한겨레신문 2006년 3월 17일 잘 읽었습니다. 신자유주의 시대 관리자형 엄마들이 꼭 읽어야 하는 글이지만, 한편 우리 동네 사람들에게는 어떻게 읽힐지 궁금해집니다.

아이가 비판적 상상력을 가질 수 있게 키우는 것도 중요하지만 이제는 비판을 잘한다고 달라질 세상이 아니기에 '소통 능력'과 '일머리'를 갖게 하는 것이 그 못지않게 중요합니다. 그리고 그것은 아이들 안에 애정과 관심, 곧 돌봄의 능력이 키워져야 가능한 일이지요. 나는 돈 많은 강남 엄마들이 제조해 낸 '일류대 입학에 성공한 대학생'들을 보면서 더욱 그런 생각을 하게 됩니다.

비판적 창의력을 가진 사람들이 점점 없어지고 있는 것은 사실입니다. 그리고 그 비판적 창의력이란 것이 우리 사회에서는 때로 상당히 잘못된 개념으로 받아들여지는 것 같습니다. 정말 '창의적'으로 타인과 관계 맺고 타인을 위하는 사회 성원을 기르기보다 자칫 시시비비 따지는 사람을 기르게 되더라는 것이지요. 앞으로의 교육 목표는 그래서 '비판적 창의력'보다 타인을 돌보고 타인의 입장이 되어서 함께 잘 되는 일을 생각해 내는 '돌봄적 창의력'을 기르는 것일 겁니다. 후기 근대적 상황을 살아갈 아이들에게는 더욱 생산적 활동을 스스로 만들어 내는 능력이 필요해질 겁니다.

그래서 나는 성미산학교 학부모들이 너무 '비판적 창의성'을 강조하지 않으면 합니다. 이 팍팍한 경쟁 사회, '시장'의 자유만을 인정하는 신자유주의 시대에 '살아남는 자'는 무엇보다 마음의 고향을 가진 사람일 것입니다. 주변 사람들로부터 사랑을 받고 있다는 확신, 학교의 모토처럼 '스스로 자라면서 서로를 살려 낼 줄 아는' 돌봄적 창의성을 가진 아이들일 겁니다. 그런 면에서 어쩌면 386세대인 학부모와 교사들부터 돌봄적 창의성을 키우는 학습에 들어가야 할 겁니다.

안식년을 끝내고 돌아온 이후, 이런저런 자리에 가면 386세대 부모들의 드센 기가 아이들을 망친다는 소리가 자자해요. 스스로 정의롭고 자기가 가장 잘 알고 있으며 의지로 밀고 가면 안 되는 일이 없다는 부모들이 아이들을 어릴 때부터 압도해 버리고 있다는 것이지요. 서구의 합리적 이성이 붕괴하는 현실을 지금 우리는 목격하고 있습니다.

풍성한 관계와 돌봄의 능력 이전에 '이성'과 사회 비판 능력을 갖게 되는 것은 순서가 맞지 않습니다. 386세대는 가난하지만 사랑이 풍부한 어른들의 손에 키워졌습니다. 할머니와 할아버지와 이모와 삼촌, 동네 아주머니들, 그리고 무조건적 사랑을 가진 어머니들이 계셨지요. 그런 사랑과 자신이 속한 공동체에 대한 애정이 실은 386세대가 그 무서운 군부 독재와 싸울 수 있던 힘이었을 겁니다.

부모가 자신에게 보이는 사랑이 무조건적이지 않다는 의심을 갖게 된 개인주의 세대의 자녀들, 그들이 자신에 대한 신뢰와 기댈 언덕을 갖기 전에 비판적 지성을 강조하여 더욱 팍팍한 세상으로 내몰지 않으면 합니다. 내 아이를 중심에 둔 근시안적 태도, 내 경험과 분석이 옳다는 확신에 찬 태도는 이런 전환기에는 가장 피해야 할 위험한 태도지요. 아이들 싸움을 현명하게 다룰 줄 아는 어른들이기를 바라고 있습니다. '우리들의 아이'를 함께 기르고 그를 위해 다 함께 성장하는 푸근한 386세대가 키워 내는 학교가 성미산학교라고 믿고 싶습니다.

실은 어제 중등 학교운영위원 꽃분 어머니 메일 보면서, 그리고 오늘 승범 아버지가 올린 글 보면서 학교 가기 전에 급히 올리는 글입니다. 다들 각자 자리에서 행간을 읽으시겠지만 어쨌든 따뜻하게 읽어 주면 합니다. ♂2006

# 갈등 회피와
# 갈등 해결

인간 사회는 갈등과 협력이 그 생동의 원천이지요. 성미산학교 역시 갈등이 없을 수 없는 동네일 겁니다. 인류가 갈등을 회피하거나 적나라한 폭력으로 해결하지 않고 지혜롭게 해결해 왔기 때문에 그나마 지금껏 지구상에서 생명을 유지해 왔습니다.

일 년 반 전에 내가 이 학교에 초대를 받았던 것도 내부인들로는 어찌할 수 없는 갈등을 좀 잘 풀어 갈 수 있도록 중심을 잡아 주면 좋겠다는 말에 꼬여서 왔던 것이고 지금 또 한 차례 큰 갈등을 겪고 있는데, 내가 큰 도움을 줄 수 있을 것 같지는 않군요. 이제 성미산 나름의 다이내믹스가 있고 현명한 분들이 충분히 많이 계시니 지혜를 모아 잘 풀어 나가기를 바랍니다.

몇 가지만 당부하고 싶습니다. 첫째는 갈등을 회피하지 말라는 것입니다. '핫'한 성질로 싸우라는 말은 아닙니다. 문제의 '궁극적 원인'을 찾으라는 말은 더더욱 아닙니다. '좋은 것이 좋은 것'이라고 그냥 슬그머니 가라는 말도 아닙니다. 일단 '쿨'하게 거리를 두고 보면서 상황을 파악해 가면 합니다. 정보를 제대로 알고 있어야 하는데 '갈등 회피형' 사람들이 많으면 논의가 심도 있게 이루어지지 않지요. 학교를 만든 따뜻한 분들 가운데는 불행하게도 갈등 회피형들이 많은 것 같습니다. 쿨하게 문제를 해결하면서 대승적으로 따뜻하게 감싸 안고 갈 수 있으면 합니다. 상생의 효과를 얻기 위해 갈등을 드러내고 토론하는 훈련을 부지런히 하셔야 합니다.

둘째는 책임질 팀을 분명히 하라는 것입니다. 책임을 지고 시스템을 진화시킬 팀이 없으면 언제나 제자리걸음을 하고 모두가 불안하기만 할 겁니다. 책임을 분명히 하지 않고 가면 늘 혼란 속에 있을 겁니다. 초등과 중등을 나누게 된 것도 능력을 갖춘 팀이 있기 때문이라기보다 책임을 지겠다는 팀이 나왔기 때문이지요. 그리고 이때 책임을 지겠다는 것은 내부에 신뢰가 있다는 말일 겁니다. 대부분의 갈등은 소통이 잘 안 되어서 일어나는 갈등인데 신뢰가 있으면 그래도 결국 그 갈등을 해결하면서 팀이 굴러갈 수 있지요. 신뢰가 안 가는 사람과는 애초에 일을 벌이지 않는 것이 가장 현명한 일입니다.

천천히 가는 것은 문제가 아니고, 책임지는 기획 진행팀이 있는지 아닌지가 중요합니다. 성급함은 금물이지만 어디로 가는지도 모른 채 가는 것은 더욱 위험한 일이니까요. 중등이나 초등은 일단 책임지는 팀으로 가되, 그 팀이 지향하는 방향과 방법론에 대한 토론회, 평가회, 비전 회의를 자주 열고 학부모들을 그 자리에 초대하기 바랍니다. 작은 규모의 공동체에서는 그런 회의를 하는 것 자체가 평가이어서 따로 질문서를 돌리는 등의 평가는 필요도 없습니다.

셋째, 아이들에게 필요한 것은 지금 어른들이 필요하다고 생각하는 것이 아닐 가능성이 있다는 점을 잊지 말기 바랍니다. 항상 마음을 열어 두고 아이들을 관찰하고 그들의 이야기를 듣기 바랍니다. 아이들은 자기들이 스스로 시행착오를 하면서 배우는 체험과 깨달음의 자율 공간이 필요합니다. 목마르다는 말을 하기 전에 물을 주지 마십시오. 목마르다는 말을 할 능력을 길러야 하는 것이니까요. 아이들은 자신이 쓰임새가 있는 인간이라는 것을 느끼고, 스스로 골몰하면서 문제를 풀어 가는 즐거움을 알고 그래서 스스로 에너지를 낼 수 있는 사람으로 성장해야 합니다.

그러기 위해서는 우선 부모들이 자기 시대를 넘어서야 하지요. 항상 배우면서 가면 합니다. 지금 시대에 가장 위험한 사람은 자기가 옳다고 믿는 사람들일 겁니다. 멈추어 서서 자신을 돌아보는 성찰성이 무엇보다 필요하고, 서로 소통하는 능력이 만사의 기본입니다.

나는 이제 종강도 하고 채점도 끝나서 잠시 중등 학부모들과 면담을 할까 했는데 － 특히 9학년들의 행보가 염려스러워서요. － 지금 상태가 너무 긴장된 분위기라고 재익 아빠가 모임을 연기하자고 하더군요. 그래서 잠시 이런 글로 대신합니다. ✽2006

# 아이들이 행복하게 '서식'하는 생태계를

오랜만에 새벽에 일어나 글을 씁니다. 실은 어제 교장 이취임식을 위해 글을 썼었지요. 그러나 어제 분위기는 글 읽을 분위기가 아니었고요, 스피커 성능도 안 좋고 엄숙한 분위기 연출이 불가능하더군요. 그렇지만 다음부터는 학교 의식에 즐거움도 가득하지만, 동시에 엄숙함도 깃들면 합니다. ('귀족 학교'라 소문난 가난한 학교, 진짜 '부자'가 되면 꼭 좋은 음향 장치부터 마련하세요~)

아이를 키운다는 것은 '기도'하는 마음이 기본이라는 생각을 종종 합니다. 학교 주민 모두가 모였을 때 다 함께 마음을 모아 기도하는 시간을 가지면 합니다. 온 마음을 모아 준비한 글을 읽어 가는 것이 좋은 방법입니다. 선배와 후배들을 위한 입학식, 수료식 등을 위해 '블레싱'<sup>축복</sup> 시를 쓰고 읽어 온 하자작업장학교 학생들 중에는 이제 거의 시인의 수준에 달한 아이들도 적지 않게 있습니다. 아, 떠나는 마당에 또 뭔가를 퍼 주고 싶어서 이렇게 정보를 주고 있군요. 오늘은 그간의 만남을 잠시 돌이켜 보고 싶은 날인데 말입니다.

　재작년 겨울이었던 것 같습니다. 성미산학교분들이 찾아왔었지요. 학교 내부에 이견들이 많고 갈등 조정이 안 되니 교장 자리를 좀 맡아 달라고 했습니다. 그냥 그 자리에 '어른'으로 앉아만 있어 주면 된다고 했습니다. 나는 '드센' 386세대 학부모들이 모여서 자신들의 욕망을 펼치기 시작하면 조정이 힘든 것은 당연하다고 생각했습니다. 하자작업장학교를 해 온 경험과 나이 든 값으로 잠시 그 '어른' 자리에 있어 드리기로 했습니다.

　물론 임시 학교에서 아이들이 키우던 지렁이, 아이들이 택견을 배우고 만화를 읽는 꿈터, 마을생협과 동네부엌과 유기농 아이스크림 집 '그늘나무'도 둘러보고 감동을 먹어 결정한 일이었습니다. 자전거로 동네를 누비던 꼬마 수진이와 동네 아이들을 보면서 이런 학교는 반드시 우리 사회에 자리를 제대로 잡아야 한다고 생각했습니다.

　그 후 구청 강당에서 3월에 입학식과 교장 취임식 비슷한 것을 한 것으로 기억합니다. 1학년 아이들이 "앞서 가면 외로울 거예요"라는 노래를 부를 때 눈물을 흘린 기억이 있습니다. 학교에 갓 입학한 아이들이 소리 나는 대로 쓴 환경의 편지를 읽으며 감동스럽기도 하고 마음 한구석 무척 부담스럽기도 했던 기억이 있습니다. 아이들의 편지는 성미산학교의 소중한 '역사 기록'이라 그간 잘 간직하였다가 오늘 돌려 드립니다.

　다행히 성미산학교와 하자작업장학교 간에 서로 도움을 주고받을 일이 많았습니다. 집 짓는 동안 초등 상급반과 중등 아이들이 하자센터에 세 들어 있기도 했고, 노리단 공연단과 연결하여 여러 가지 프로그램을 굴리기도 했지요. 내가 관여하는 또하나의문화 동인들과 일부 성미산 학부모들이 하자센터에서 '돌봄과 학습 공동체'를 주제로 워크숍도 열기도 했습니다. "작은 학교를 중심으로 마을을 만든다."는 슬로건을 내건 심포지엄도 했고, 그 작업은 작년 『가족에서 학교로, 학교에서 마을로』 또 하나의 문화, 2006 라는 책으로도 출간되었지요. 어제 다함 아버지 최현삼 선생님이 그간 내가 '대안과 나눔'에 쓴 글을 프린트해서 주셨는데 한 학기 강의 분량은 되더군요. 그냥 그 자리에 서 있어 주기만 한 줄 알았는데 '꼰대'의 습관은 어쩔 수 없었던 것 같습니다. 아마도 내가 할 수 있는 최선의 일이 바로 우리들이 함께 성장하는 '공동 학습의 장'을 마련하는 것이었던 게지요.

드디어 학교 건물이 들어섰고 그 과정에서 얼마나 많은 분들이 힘들게 수고를 했는지 잘 알고 있습니다. 나는 초기 설립위원들이 헌신하는 모습을 보면서 우리 사회의 건강성을 확인하고 감동하곤 했습니다. 수진 아버지, 재익 아버지를 비롯한 설립위원들, 이 자리를 빌려 그간 정말 수고 많으셨다는 말을 하고 싶네요.

아이들이 점점 많이 들어왔지만 교과 과정을 둘러싼 토론과 갈등도 꽤 오래 지속되었던 것으로 기억합니다. 그러면서도 성미산학교의 터는 서서히 여물어 갔지요. '배움의 공동체'라는 새로운 학습 형태를 받아들이고 도쿄에 학습을 하러 가고, 함께 배우는 방법을 배우면서 네트워크 수업들을 시도하면서, 또 학부모 교사들과 자녀 없는 교사들이 함께 어우러져 새로운 시대의 프로 교사들로 거듭나면서 성미산학교는 명실 공히 21세기를 살아갈 아이들을 위한 대안적 학교의 틀을 만들어 가고 있습니다. 지난 가을부터 상임 교장이 오시면서 학교는 한결 안정적인 모습으로 가고 있어서 참 마음이 좋습니다,

흥미롭게도 최근에는 정부에서도 우리가 해 온 것과 관련해서 여러 가지 변화가 일고 있습니다. 교육인적자원부에서는 대안 학교들을 제도화하기로 했고 여성가족부와 건설교통부와 행정자치부 등에서 앞다투어 '행복한 마을 만들기' 사업을 추진하고 있습니다. '마을' 개념이 들어서기 힘든 '토건적 개발 국가' 대한민국 정부에서 이런 슬로건을 들고 나온 배경에는 분명 좀 다른 삶을 살아야 한다는 메시지를 우리 사회에 꾸준히 내보내면서 사회 여론을 형성한 성미산마을 주민들의 노력이 있었을 겁니다. 이제 활기차게 성장하는 성미산학교를 보면서, 사회에 새로운 기운을 불어넣고 있는 성미산마을을 보면서 홀가분하게 떠날 수 있을 것 같습니다.

당부하고 싶은 것이 있습니다. 하나는 사명감에 불타지 말라는 것입니다. 다른 하나는 성미산학교를 자기가 다니고 싶은 학교로 만들려고 애쓰지 말라는 것입니다. 이전에 학교에서 생겼던 갈등은 바로 이 두 가지 때문에 생겼던 것 같습니다. 세 번째는 제가 페미니스트로 늘 강조해 온 것, 여성적 원리와 남성적 원리가 다 살아나야 한다는 것입니다. 제대로 집을 짓고, 때론 부당한 세력과 싸우기도 해야겠지만

또한 배려와 돌봄과 신뢰와 사랑의 공간이 안정적으로 마련되어야 하지요. 지금 한국 사회는 온통 '건설의 덫'에 걸려 있습니다. 이런 '토건 국가'를 사회적 돌봄이 가능한 '돌봄 사회'로 만들어 내야 하는데 그 해법이 바로 성미산학교에 있습니다.

아이 하나를 행복하게 만드는 것에 집중하면 어려운 문제는 없을 겁니다. 아이 하나가 행복하기 위해서는, 사토 마나부 교수가 누누이 강조했듯, 들을 줄 알고 기다릴 줄 알아야 합니다. 아이가 자생력을 갖도록, 자신의 빛을 발하도록 도와야 합니다. 어제 입학식에서 댄스 음악이 나왔지만 아이들은 점잖기만 하였지요. 부모들은 열심히 춤을 추고 즐거워하려고 하는데 머쓱해하는 아이들이 많았습니다. 아이들 눈높이를 잘 맞추어야 하지요.

아, 또 한 가지. 선물을 증정할 때의 태도입니다. 아이들이 입학하는 후배들을 환영하는 마음을 표시할 수 있어야 하지요. 한 손으로 선물을 주는 것이 아니라 두 손으로 주고 껴안아 주는 행동을 가르치는 것도 좋을 것입니다. 요즈음 마음이 생기면 행동이 저절로 되는 '계몽의 시대'가 아니라 행동이 생기면 마음이 생기는 '탈계몽의 시대'라는 점 숙지해 주면 합니다. 입학식과 같은 '의식'에서 선곡은 아이들과 함께 하고 그때 음악은 동서양의 클래식과 포크와 댄스 음악뿐 아니라 판소리와 1980년대의 주옥같은 민중가요에서 적절히 골라내야 하겠지요.

아이들은 우리가 살던 때와 아주 다른 시대를 살고 있고 앞으로도 그럴 겁니다. 특히 이 아이들은 '고용 없는 성장의 시대'를 살아 내야 하는 세대입니다. 잘나가는 사람은 '속도의 덫'에, 빈자는 '제도의 덫'에 걸린다고들 말하지요. 그런 무수한 덫에 걸리지 않고 자기 속도로 배우면서, 타인과의 건강한 관계 속에서 안정적으로, 그리고 자존감을 가지고 살아가는 아이들이 이 배움터에서 자라나야 하고 또 그럴 것이라 기대하고 있습니다.

글을 쓰다 보니 여전히 아쉬움이 내 마음속에 있는 것 같습니다. 최현삼 선생님이 대안과 나눔에 올린 글을 책자로 묶어 보내면서 쓰셨듯이, 제가 욕심이 많은 사람인 것 같습니다. 제가 게시판에 올렸던 이야기를 잘 요약해 주셨더군요. 심부름센터, 간판 프로젝트, 골목길 살리기 운동, 반찬 가게와 연결한 식탁 공동체 프로젝트, 마을 극단과 아트 디렉터, 아이들을 연결시키는 담임의 역할, 마을 학교를 위한 강좌와 공부방, 또래 문화, 노마드 시대의 부모 되기, 지역 기반 학부모들의 학습망, 산촌 유학제, 다양한 학교 파티 문화, 대안 학교 체계와 사례를 통해 만들어 가는 커리큘럼, 이런 것들을 하나씩 하나씩 성취해 나가면 합니다. 멀리서 지켜보겠습니다.

나는 대안적 학습 생태계를 만드는 일을 좀 다른 장에서 계속할 것입니다. 다양한 대안 학습 공간의 네트워크를 지원하면서 온라인 학습 생태계를 만드는 일을 할 것이니 온라인상에서 종종 만날 수 있기 바랍니다. 성미산학교 교장직을 벗어 좀 홀가분할까 했는데 피스 앤 그린 보트를 탔던 인연으로 환경운동연합에 끌려 들어가고 있습니다. 실은, 700여 명이 일시적 마을을 만들어 사는 그 크루즈 여행에 김용택 시인의 덕치 초등학교 아이들 50명 정도가 왔는데 성미산학교 친구들도 오면 참 좋겠다는 생각을 했습니다. 아이들이 살아갈 터전을 좀 덜 망가지게 하기 위해서 환경운동연합과 '마을 만들기'를 좀 더 '거국적으로' 펼치게 될 것 같습니다. '지구의 날'에 차 없는 광화문 거리에서 롤러 블레이드를 타는 성미산 아이들과 마주칠 수 있으면 반갑겠습니다.

성미산학교가 21세기를 살아갈 아이들이 행복하게 '서식'하는 생태계를 아름답고 건강하게 꾸려 내리라 믿고 있습니다. 스콜라와 선생님들, 학부모와 동네 주민들, 그리고 아이들이 즐겁게 어울리며 만들어 가기 바랍니다.

아이들과 학부모들이 만들어 주신 정성 어린 사진첩 잘 간직하겠습니다. 온 가족 위해 큰 사랑과 축복이 늘 가득하기 바랍니다. ⎯2007

## 에필로그

암울한 소통 불능의 시대를 살면서도
그런 광기의 시대를 살면서도
나는 간간이 행복했습니다.
아니 때로 꽤 행복했습니다.

'우리 아이들'이 있었고
'우리 학교'가 있었기 때문인 것 같습니다.
그것들은 어느덧 '마을'로 커져 나가고 있습니다.
급격한 해체의 시대, 반목과 대립의 시대에서도
뭔가를 꼬물꼬물 부지런히 만들어 간 동지들 덕분에
그간 많이 행복했던 것 같습니다.

생각을 바꾸어야 한다고들 말하지요.

그런데 생각을 바꾼다고 세상을 바꾸는 것은 아니더군요.
누구도 남의 말을 들으려 하지 않는 바벨탑의 시대에
계몽의 말은 진부하고 지루합니다.
따뜻한 말, 친밀한 감정, 신뢰의 눈길이 힘이 되는
새로운 관계를 맺어 가야 할 때인 것이지요.
환경, 일상의 조건을 바꾸어야 뭔가가 제대로 달라집니다.

'지속 가능한 삶'을 위한 실천의 때가 온 것 같습니다.
내가 원하는 '집',
내가 원하는 '학교',
내가 원하는 '마을',
내가 원하는 '나라'를
집 밖에서, 학교 밖에서, 마을 밖에서,
그리고 나라 밖에서 만들어 오던 분들은
이제 서로 접속하면서 그 판을 키워 가면 좋겠습니다.

공동육아를 해 온 학부모들은
평생 학습 시대를 열어 가는 평생 학습자로,
생활협동조합을 통해 동네를 바꿔 온 조합원들은
생태주의 시대를 열어 가는 환경 운동가로,
스스로 길을 찾기로 한 탈학교 청소년들은

창의적 일자리를 만들어 내는 사회적 기업가로,
여전히 기존 학교를 포기하지 않고 학교 안에서 뭔가를 해 온 교사들은
개방형 자율학교의 교장으로,
청소년들의 끼를 살려 주고 싶은 청소년 활동가들은
마을 문화판의 기획자로,
대안 학교를 만든 교사와 담임들은
마을 학교 교장과 교사 아카데미 원장으로,
남의 아이를 자기 자식처럼 키워 온 그룹홈 교사들은
새로운 가족을 탄생시키는 산파로,
명절이면 어김없이 홀몸노인을 방문하는 아줌마들은
작은 돌봄 회사 사장으로,
대한민국을 탈출하고 싶은 청년 국민들과 조기 유학을 떠난 아이들은
글로컬 시대의 새로운 시민으로,
대학이 여전히 지적 공동체의 산실로 남아 있기를 원하는
교수와 대학생들은
창조적 공유 지대의 산모로,
새로운 접속을 통한
비약의 즐거움을 만끽하면 좋겠습니다.

여전히 발로 뛰면서 현장 기사를 쓰는 기자와 방송인들,
토건 국가의 하청을 더는 맡지 않기로 했다는 한 건축가들,

청년 실업 문제의 해법을 찾아낸 시대의 이론가들,
지식 네트워크 시대를 열어 가는 홈스쿨러에서부터
많은 공부 모임 평생 학습자들까지,
이곳저곳에서 숨통 터진 삶을 살아온 이들이
이 거대한 군산 결탁 불모의 조직 사회에
새로운 생기를 불러일으키면 좋겠습니다.

이대로 가면 세상은 점점 험악해질 것이고
'되는 일도 없고 안 되는 일도 없는' 진퇴양난의 시대가
얼마간 지속될 것 같습니다.
그러나 접속을 통해 판을 키워 가는 즐거움을 감염시켜
세상을 바꾸어 낼 수 있으면 합니다.
삶의 조건을 바꾸어 낼 계기를 마련하면 합니다.
마음 맞는 이들과 같이 가다 보면
길이 보이고 집도 생기고 학교도 생기고 마을도 만들어집니다.
상부상조하는 마을 없이 어떻게 이 삭막한 시대를 살아 낼 수 있을까요?
마을이 없는 사람들은 살기가 점점 더 무섭고 힘들어질 것입니다.
아직 머뭇거리며 접속을 하지 못한 이들은
이제 용기를 내어 근처의 마을을 찾아 나서면 합니다.

서로를 돌보는 마을이 생기면

세상이 크게 달라질 겁니다.
사람들이 주민으로 마을 일을 토론하고
마을 잔치에 덕담을 준비하고
마을 역사를 기록하고 해석하느라
모두 글쟁이들이 되어 버린 마을을 상상해 봅니다.

자기주장을 펼치고 설득에 능한
논리적 칼럼니스트만이 아니라
상대의 입장에서 생각하고 감싸 안는 수필가,
마을 소식지를 쓰는 발로 뛰는 기자,
학예회 참석 후기를 쓰고 덕담을 주고받는
따뜻한 글쟁이들이 많아지면 합니다.

마을 축제를 기획하는 즐거움,
동네 아이들의 학예회를 지켜보는 뿌듯함,
글을 쓰고 편집한 마을 회지를 배달하는 흐뭇함.
동네 부엌에 들러서 뜻하지 않은 만찬을 즐길 수 있는 행운,
다른 동네와 접속하여 지혜를 나누는 정다움,
소소하지만 다음 시대를 만들어 가는 '큰일'을 해내면서
생산과 나눔의 기쁨을 누리는 행복한 사람들이 되시면 좋겠습니다.

이것이 곧 후기 근대의 '공공 영역'을 만들어 가는 것이고
후기 근대의 새로운 '정치'를 만들어 내는 것이고
일과 놀이와 배움이 어우러진 창조적 삶을 사는 길일 겁니다.

이 지면을 빌어 그간 인연을 맺어 온 아름다운 청년들,
그리고 오래된 동지들에게 감사 인사를 전합니다.

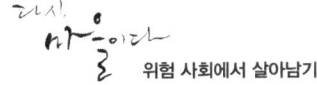 위험 사회에서 살아남기

지은이 조한혜정

펴낸이 유승희

1판 1쇄 2007년 11월 5일 | 1판 6쇄 2018년 1월 18일

펴낸곳 도서출판 또하나의문화 | 등록 제9-129호(1987.12.29.)

주소 서울시 마포구 와우산로 174-5 대재빌라302호 | 우편번호 04057

전화 (02) 324-7486 | 팩스 (02) 323-2934

전자우편 tomoon@tomoon.com | 누리집 www.tomoon.com

ISBN 978-89-85635-79-0  03330

ⓒ 조한혜정, 2007